들뢰즈의
이념적인 놀이

# 들뢰즈의
# 이념적인 놀이

초판 1쇄 발행    2023. 9. 27.

**지은이**   김상범
**펴낸이**   김병호
**펴낸곳**   주식회사 바른북스

**편집진행**   황금주
**디자인**   최유리

**등록**   2019년 4월 3일 제2019-000040호
**주소**   서울시 성동구 연무장5길 9-16, 301호 (성수동2가, 블루스톤타워)
**대표전화**   070-7857-9719 | **경영지원**   02-3409-9719 | **팩스**   070-7610-9820

•바른북스는 여러분의 다양한 아이디어와 원고 투고를 설레는 마음으로 기다리고 있습니다.

**이메일**   barunbooks21@naver.com | **원고투고**   barunbooks21@naver.com
**홈페이지**   www.barunbooks.com | **공식 블로그**   blog.naver.com/barunbooks7
**공식 포스트**   post.naver.com/barunbooks7 | **페이스북**   facebook.com/barunbooks7

ⓒ 김상범, 2023
ISBN 979-11-93341-50-6 03110

김상범
지음

# 들뢰즈의
# 이념적인 놀이

Gille Deleuze's Ideal Play

바른북스

# Gilles Deleuze

본 논문은 들뢰즈의 〈이념적인 놀이〉라는 개념에 대해서 다루며 동시에 이 개념과 연관된 들뢰즈의 다른 개념들과 다른 철학자들의 논의에 대해서도 다룬다. 뿐만 아니라 노동과 놀이에 대한 일반적인 논의에 대해서도 다룬다. 이것이 I장에서 다루어지는 논의이다.

우리는 노동을 인간활동의 본질로 여기는 〈노동인간〉이지만 이러한 〈노동인간〉은 근대에 이르러 다양한 사회적/역사적 장치에 의해 '발명'된 것이다. 이를 밝히기 위해 막스 베버, 미셸 푸코, 칼 마르크스의 논의가 동원된다. 그리고 보드리야르의 소비사회에 대한 비판을 통해 이른바 소비사회가 향유의 사회가 아닌 또 다른 의미의 노동의 사회임을 밝힌다.

또한 '놀이'의 개념을 다양한 영역으로(존재론, 인식론, 사회철학 등) 확장시킨 니체에 대한 들뢰즈, 데리다, 푸코의 논의를 참조함으로써 이러한 〈노동인간〉의 극복을 모색한다. 이 중에서 니체의 존재론적인 놀이로서 주사위 놀이를 들뢰즈가 자신의 형이상학에 맞게 변환시킨 개념이 '이념적인 놀이'이다.

이러한 이념적인 놀이에 대해 이해하기 위해서는 들뢰즈의 영원회귀, 존재의 일의성, 선험적인 장, 이념, 물음, 우발점 등의 개념에 대한 정확한 이해가 필요하다. Ⅱ, Ⅲ, Ⅳ, Ⅴ 모두가 이러한 개념들을 이해하기 위해 구성되었다. Ⅵ장에서 이념적인 놀이가 본격적으로 다루어지며 Ⅶ장에서는 이념적인 놀이와 연관된 다른 철학자들의 논의가 다루어진다.

근대적인 〈노동인간〉은 니체-들뢰즈의 표현에 의하면 '평균적인 형상'으로서 표준적으로 만들어진 인간들이다. 혹자는 우리 사회가 이제 창의성이 중시되는 사회로 이행했다고 말하나, 우리 사회는 청년들이 오히려 표준적인 시험의 원리가 사회 전 영역으로 뻗어 나가길 원하는 사회이고, 학교에서의 수행평가나 직장에서의 업무평가의 촘촘함에 의해 자기를 세심히 '관리'하는 것이 중요시되는 사회이며, 자본의 시선에 따라 자신을 평가하는 것이 당연시되는 사회이다. 이러한 평균적인 형상으로서의 〈노동인간〉을 넘어서 니체가 말한 극단적 형상으로서의 새로운 것 혹은 새로운 가치를 창조하는 〈노는 어린아이〉의 사회를 만들기 위해 이 논문은 쓰였다. 이념적인 놀이는 노동이나 도덕의 원리가 섞이지 않은, '순수한 놀이'이기 때문이다.

Ⅱ

# 들뢰즈의
# 영원회귀론

Ⅲ

# 존재의 일의성

# IV

**이념과
물음**

# V

## 선험적인 장과 정적 발생

# VI

# 이념적인 놀이

# VII

## 이념적인 놀이에 비추어 본
## 다른 철학자들

# VIII

## 결론:
## '이념적인 놀이'의 여러 얼굴들

참고문헌

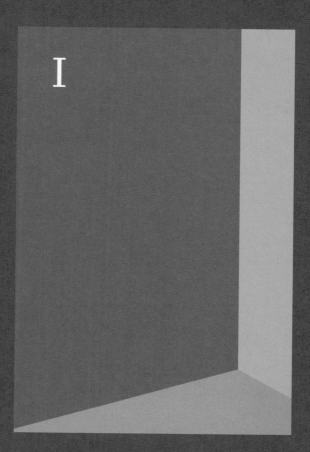

I

# 노동과
# 놀이

# 노동 비판을 위하여

## 1.1 막스 베버와 노동

우리는 무의식중에 '놀이'를 '여가'로서 '남는 시간'에 포함시키곤 한다(한자어로 여가(餘暇)는 '남는 틈'을 뜻한다). 이것은 '노동'이야 말로 인간활동에 있어서 본질적인 것이고 '놀이'는 그 여백에 불과한 것이라는 습관적 인식을 담고 있다. 이와 같은 의미에서 우리는 아직도 '노동인간'이다. 또한 이러한 '노동인간'에서 탈락한 사람들은 사회의 '노는 잉여'라고 규정된다. 이런 의미에서 '놀이를 긍정하는 철학'을 수립하기 위해서는 우선 '노동인간'의 해부와 해체가 필요하다.

노동을 생명활동의 본질로 생각하는 '노동인간'은 자연발생적으로 생긴 것이 아니라 역사적이고 사회적인 힘들에 의해 '생산'된 것이다. 고병권에 의하면 "자본가들은 상품을 생산하기 전에 제대로

들뢰즈의 이념적인 놀이

된 노동자부터 생산해야 한다"[001]는 생각을 했으며 이 제대로 된 노동자란 근면·성실하고 규율에 충실히 복종하는 사람을 뜻한다. 즉 근대적인 자본주의 생산양식은 '노동인간'이라는 주체성의 생산양식이기도 하다.

막스 베버는 이러한 주체성의 생산양식 중에서 특이하게도 프로테스탄트 윤리를 거론한다. 말하자면 자본주의는 인간의 탐욕이 아니라 오히려 금욕적인 에토스로부터 탄생한다는 것이다. 이러한 에토스란 "돈벌이를 … 삶의 궁극적 목적으로 받아들이는 것"을 의미한다.[002]

이렇게 돈벌이를 삶의 궁극적 목적으로 받아들인다는 것은 단순히 금전욕의 표현이라고 볼 수 없다. 베버에 의하면 "어떠한 내적인 규범에도 얽매이지 않으며 수단과 방법을 가리지 않고 영리를 추구하는 행위는 역사상의 모든 시기에, 그리고 어디에서나 항상 있어 왔다".[003] 그럼에도 불구하고 무슨 일이 있어도 영리를 추구하는 행위는 "겨우 관용되어지는 일"[004]에 불과할 뿐만 아니라 어리석은 짓이었다. 그런데 초기 자본주의적 주체는 이윤을 추구하는 것을 신으로부터의 '소명'으로 받아들이며 이러한 돈벌이를 위해 금욕적인 생활을 한다.

초기 자본주의적 주체는 전통적인 주체와 완전히 다른 인간이다.

**001**  고병권, 『고병권의 자본 강의』, 서울: 천년의상상, 2022, 451쪽

**002**  막스 베버, 『프로테스탄트 윤리와 자본주의 정신』, 김상희 옮김, 서울: 풀빛, 2006, 54쪽

**003**  『프로테스탄트 윤리와 자본주의 정신』, 59쪽

**004**  『프로테스탄트 윤리와 자본주의 정신』, 79쪽

전통 사회에서 인간은 돈을 많이 버는 것이 아니라 적게 노동하는 것을 원했기 때문이다. 오히려 전통 사회가 인간의 욕구에 충실한 사회였던 것이다.

> "좀바르트가 '욕구 충족의 경제 체제'라고 이름 붙인 것은 얼핏 보기에도 이 책에서 '경제적 전통주의'라고 해석했던 것과 일치한다."[005]

그리고 이러한 '자본주의 정신'은 루터주의보다는 칼뱅주의에 의해 '구축'된 것이다. 물론 루터는 독일어 단어 beruf를 "신으로부터 주어진 사명, 즉 소명이라는 종교적 의미"[006]로 사용했는데, 이와 같이 beruf에 '소명'이라는 의미를 최초로 불어넣은 것은 루터이다: "루터 이전에는 그 어떤 세속적인 문헌 속에서도 이런 뜻을 가진 단어의 실마리를 찾아볼 수 없다."[007] beruf에 '소명'이라는 의미를 불어넣는 것은 세속적인 직업을 수행하는 것을 최고의 도덕적 실천으로 여기는 관점이 성립했다는 것을 의미한다. 이를 통해 "세속의 일상적인 노동이 종교적 의미를 가진다는 생각이 필연적으로 생겨났다".[008]

그런데 루터는 '운명 사상'에 기초하여 각 개인은 신이 정해준 직

---

**005** 『프로테스탄트 윤리와 자본주의 정신』, 66쪽~67쪽
**006** 『프로테스탄트 윤리와 자본주의 정신』, 84쪽~85쪽
**007** 『프로테스탄트 윤리와 자본주의 정신』, 85쪽
**008** 『프로테스탄트 윤리와 자본주의 정신』, 86쪽

업과 신분에 머물러야 하며 **노력은 신이 개인에게 부여한 한계에 머물러야 한다**고 주장함으로써 오히려 전통주의와 호응하게 된다. 이런 의미에서 끝없이 노동하도록 만드는 노동윤리로서의 "직업 사상의 중요성을 세속적인 직업에 대한 루터와 루터 교회의 입장에서 직접 이끌어 낼 수는 없다".[009]

오히려 베버는 청교도들에 주목한다. 특히 베버가 고려하는 것은 칼뱅주의, 경건주의, 감리교, 침례교이다. 칼뱅의 예정설은 청교도 금욕주의 전체에 강력한 영향을 끼쳤다. 칼뱅의 예정설이란 누가 구원될 것인지는 이미 신에 의해 결정된 것으로, 인간의 노력으로 자신의 구원 여부를 규정지을 수 없다는 것을 의미한다. 또한 칼뱅은 유한한 인간의 역량으로 신의 의지를 헤아릴 수도 없다고 주장했다. 즉 "신의 지고한 섭리를 측정하려는 것은 무의미한 일일 뿐 아니라 신의 위엄을 침해하는 것이다".[010]

신의 의지를 헤아릴 수 있는 것은 오직 신이 선택한 소수의 사람들뿐이며, 신의 이러한 결정을 평범한 개인은 알 수도 없고 바꿀 수도 없다. 따라서 교회는 개인의 구원에 도움을 줄 수 없으며, 이런 의미에서 권위적인 인간의 작위를 통한 "마법적·성례적 구원"[011]은 불가능하다. 따라서 칼뱅의 예정설은 고독하고 고립된 개인을 만들어 낸다: "칼뱅주의자들은 … 깊은 내면적 고립감을 느끼는 상태에

---

**009**   『프로테스탄트 윤리와 자본주의 정신』, 92쪽
**010**   『프로테스탄트 윤리와 자본주의 정신』, 108쪽~109쪽
**011**   『프로테스탄트 윤리와 자본주의 정신』, 112쪽

서 신과의 개별적이고 직접적인 교섭을 수행했다".[012]

또한 칼뱅 자신은 "선택받은 사람이라도 현세에서는 버림받은 사람과 겉으로 전혀 구별이 되지 않는다"고 말하고 있지만 평신도 계층에서는 구원의 표시에 대한 갈망이 표출되었다. 그리고 이와 같이 교회가 개인의 구원에 아무런 역할을 하지 못한다면 교회의 존재 이유가 없는 것이기에, "교회로서는 다양한 방안을 강구해야만 했다".[013] 이러한 방안이란 1) 자신이 선택받은 사람이라는 확신을 갖도록 하고 2) 이러한 확신에 도달하기 위한 수단으로서 끊임없는 직업노동을 권고하는 것이었다. 신에게 선택받은 사람이라는 표지는 "자기 내면의 살아 있는 힘에 근거해 자신의 행위로 신의 영광을 높이는 것"[014]을 통해 드러나는 것이다. 즉 선행을 함으로써 구원을 얻을 수는 없지만 선행은 구원받았다는 징표였던 것이다. 이러한 청교도적 금욕주의는 청교도들에게 있어서 삶의 모든 영역에서 실행되었고, 특히 "세속적인 직업 생활에서 믿음을 증명할 필요"[015]가 있었다.

그리고 후에 백스터에 의해 금욕수단으로써의 노동은 신성한 것이 된다. 심지어 노동은 "신이 정한 삶의 목적"[016]이 되어버리며 부유한 사람들조차도 노동에서 면제될 수 없게 된다. 이러한 청교도적 정신 속에서 소유욕은 죄로 취급받았지만, "직업노동의 열매로

---

**012** 『프로테스탄트 윤리와 자본주의 정신』, 114쪽

**013** 『프로테스탄트 윤리와 자본주의 정신』, 119쪽

**014** 『프로테스탄트 윤리와 자본주의 정신』, 124쪽

**015** 『프로테스탄트 윤리와 자본주의 정신』, 128쪽

**016** 『프로테스탄트 윤리와 자본주의 정신』, 170쪽

서 획득하는 부는 신의 축복"[017]이 되었다. 즉 노동으로 획득한 부는 구원의 징표인 것이다.

그리고 이러한 청교도적 금욕주의는 기업가의 이윤추구도 신으로부터 부여받은 '소명'이라고 주장하면서 노동력을 착취하는 것을 정당화했다.

그런데 막스 베버는 현대 자본주의가 이러한 청교도적 정신을 잃어버렸으며, 이제 자본주의는 과학기술이라는 새로운 굳건한 토대 위에 있으므로 종교적·정신적 지지를 필요로 하지 않는다고 말한다. 그러나 우리를 노동에서 헤어나올 수 없게 만드는 '노동윤리'라는 유령은 아직도 우리 사회 속에서 배회하고 있다. 이 '노동윤리'는 이제는 '성과'라는 새로운 신을 모시고 있다. 한병철은 『피로사회』에서 다음과 같이 쓰고 있다.

> "실제로 인간을 병들게 하는 것은 과도한 책임과 주도권이 아니라 후기근대적 노동사회의 새로운 계율이 된 성과주의의 명령이다. … 정작 니체라면 대중의 현실이 되려고 하는 저 인간형을 가리켜 주권적 초인이 아니라 그저 노동만 하는 최후의 인간이라고 했을 것이다. … 새로운 인간형은 그 어떤 주권도 갖지 못한다. 우울한 인간은 노동하는 동물로서 자기 자신을 착취한다."[018]

017   『프로테스탄트 윤리와 자본주의 정신』, 185쪽
018   한병철, 『피로사회』, 김태환 옮김, 서울: 문학과 지성사, 2016, 27쪽~28쪽

## 1.2 푸코의 규율권력과 노동

그런데 한병철은 이 책에서 다음과 같은 푸코의 규율권력 개념에 대한 부정확한 이해를 보여준다.

> "규율사회는 부정성의 사회이다. 이러한 사회를 규정하는 것은 금지의 부정성이다. '~해서는 안 된다'가 여기서는 지배적인 조동사가 된다. '~해야 한다'에도 어떤 부정성, 강제의 부정성이 깃들어 있다."[019]

그런데 푸코는 『감시와 처벌』에서 규율권력이 "질책, 금지, 거부, 억제"와 같은 부정적이고 소극적인 기능만을 맡는 것이 아니며 "적극적이고 유용한 일련의 결과 전체와 결합"[020]되어 있다는 것을 강조한다. 또한 푸코는 자신이 다루는 것이 '권력의 미시물리학'이라고 주장하면서, 이 미시물리학 속에서 "권력은 … 단순하게 일종의 의무 내지 금지로서 강제되는 것은 아니"[021]라고 말한다.

규율권력은 오히려 생산적이며 생산력을 극대화하는 방식으로 작동한다. 푸코에 의하면 규율에의 요구는 개별적 요소들의 생산적 힘을 '조립'함으로써 이 개별적 요소들의 힘의 총합을 초과하는 생

---

**019** 『피로사회』, 24쪽
**020** 미셸 푸코, 『감시와 처벌』, 오생근 옮김, 파주: 나남, 2011, 55쪽
**021** 『감시와 처벌』, 59쪽

산력을 만들어야 할 때 생겨난다. 마르크스의 이른바 '결합 노동일', 즉 개별적 노동자들이 생산라인에서 결합됨으로써 만들어지는 노동일에서의 생산력은 개별 노동자가 따로따로 생산하는 것을 합한 것보다 더 강한 생산력이 된다. 푸코는 다음과 같이 쓰고 있다.

> "'결합노동일'이 이러한 최고의 생산성을 얻는 것은, 노동의 기계적인 힘을 증가시키면서, 그의 활동을 공간적으로 확장시키거나 아니면 그의 활동범위에 알맞게 생산 영역을 축소시키면서, 그리고 결정적 순간에 다량의 노동력을 동원시키면서이다. … 결합 노동일의 독특한 생산력은 노동의 사회적 생산력이거나 사회적 노동의 생산력이다. 이 생산력은 협동작업 그 자체로부터 생겨난다."[022]

이러한 '결합 노동일'의 폭발적인 생산력이 가능한 것은 '규율'에 의해서이다. 왜냐하면 규율은 "여러 가지 힘을 조합하여 효율적인 장치를 만들어 내는 기술"[023]이기 때문이다.

푸코는 또한 규율이라는 테크놀로지가 근본적으로 '전술'을 형성한다고 말한다. 이러한 군사적 어휘가 사용되는 것이 우연이 아니다. 실제로 '정치'는 오랫동안 "군사적 모델의 연장"[024]으로 이해되

---

**022** 『감시와 처벌』, 257쪽~258쪽
**023** 『감시와 처벌』, 258쪽
**024** 『감시와 처벌』, 264쪽

어 왔으며 지식이자 테크놀로지로서의 군사적 도식은 "사회 전체를 향해 투영"[025]되었다.

이러한 군사적 규율은 단순히 물질적 생산력을 극대화할 뿐만 아니라 "순종적인 주체"를 생산해 낸다. 말하자면 "규율은 개인을 '제조한다'".[026] '노동인간'을 생산하는 기제를 막스 베버는 프로테스탄트 윤리에서 보았다면 푸코는 '규율'에서 본 것이다.

그리고 이러한 규율이 단순한 신체에 대한 '폭력'이 되지 않게 하는 권력의 요소가 바로 감시의 여러 기술이다.

> "감시의 여러 기술에 의해서 권력의 '물리학'. 그리고 신체에 대한 지배는 적어도 원칙적으로는 과격한 행위. 힘이나 폭력에 호소하지 않고, 광학과 역학의 모든 법칙. 그리고 공간, 선, 막. 다발. 비율 등의 모든 작용에 의거하여 이루어진다."[027]

그리고 규율에서의 보상과 제재는 "서열이나 등급에 의한 분류"[028]에 의해 이루어진다. 전제군주제에서의 처벌과는 달리 규율에서의 제재는 보복이나 폭력이라기보다는 하나의 '훈련'이다. 이러한 제재는 규율권력 안에서 '보상'과 짝을 이루며 규율권력은 성적이 훌륭한 자에게 보상을, 성적이 나쁜 자에게 제재를 가한다. 이렇

---

**025** 『감시와 처벌』, 264쪽
**026** 『감시와 처벌』, 267쪽
**027** 『감시와 처벌』, 280쪽
**028** 『감시와 처벌』, 285쪽

들뢰즈의 이념적인 놀이

게 성적을 매긴다는 것은 사람들에게 능력, 수준, 성질 등에 따라 서열과 등급을 매긴다는 것을 의미한다.

이와 같은 '감시'의 테크놀로지와 서열화의 테크놀로지가 결합되는 것이 바로 '시험'이다. 혹자는 오늘날 규율사회가 끝나가고 있다고 말하지만 실제 한국 사회에서는 "시험 능력주의"[029]가 사람들을 지배하고 있으며 사람들이 '자기계발'을 통해 자본의 시선을 내면화하여 스스로를 감시할 뿐만 아니라 시간을 분 단위로 구분하여 스스로 '관리'하려고 한다는 점에서 아직 규율사회이다. 그리고 이렇게 규율권력에 의해 '제작'된 개인들은 자본주의적 기계장치 속에서 하나의 부품처럼 사용되다가 버려진다.

이와 같이 규율권력은 '부정'과 '파괴'보다는 '생산'을 통해서, 그리고 순종적 주체를 생산함을 통해서 작동하며 궁극적인 목적은 생산력의 극대화이다. 이에 대해 푸코는 다음과 같이 쓰고 있다.

> "이제는 '배제한다', '처벌한다', '억누른다', '검열한다', '고립시킨다', '숨긴다', '가린다' 등의 부정적인 표현으로 권력의 효과를 기술하지 말아야 한다. 사실상 권력은 생산한다. 현실적인 것을 생산하고, 객체의 영역과 진실에 관한 의식을 생산하는 것이다. 개인과 개인이 취할 수 있는 지식은 이러한 생산의 영역에 속한다."[030]

**029** 김동춘, 『시험 능력주의』, 파주: 창비, 2022 참조
**030** 『감시와 처벌』, 302쪽

말하자면 푸코에 있어서 '노동인간'은 규율권력에 의해 '생산'된 것이고 생산력의 극대화라는 지상목표에 복종한다. 푸코는 분명히 이러한 생산력의 극대화가 단순히 공장에서의 생산량의 극대화를 의미하는 것만이 아니라 학교에서의 지식과 능력 생산의 극대화, 병원에서의 건강 생산의 극대화, 군대에서의 파괴력 생산의 극대화 모두를 포괄한다고 말하고 있다.[031]


## 1.3 마르크스의 노동 비판

이른바 '노동윤리'를 지닌 노동자를 생산하는 장치에 대해서는 마르크스도 자본론 1권에서 언급하고 있다. 마르크스가 언급하는 장치는 바로 '노동수용소(workhouse)'이다. workhouse라는 아름다운 영어적 표현과 달리 이 장치는 '공포의 집'이었다. 마르크스는 다음과 같이 쓰고 있다.

> "'나태와 방탕과 자유를 근절하고' 근면의 정신을 기르기 위해, 그리고 '구빈세의 경감과 공적 부조에 의지하고 있는 노동자들(한마디로 말해 극빈자들)'을 '이상적인 노동수용소(Ideal Workhouse)에 가두어 두자'는 확실한 대책을 제안하고 있다. 그와 같은 노동수용소는 '잘 먹이고 잘 입히면서 노동을 시키지 않는' 빈민보호원

---

**031** 『감시와 처벌』, 336쪽

들뢰즈의 이념적인 놀이

공포의 집은 후에 공장으로 변환된다고 마르크스는 말한다. 이러한 공장은 노동력을 더욱 효과적으로 착취하는 기술인 '규율'을 도입한다. 말하자면 공장은 이상적인 노동수용소로서 '공포의 집'보다 더 나아간 것이다. 마르크스는 이런 의미에서 "현실이 자본가들의 이상을 훨씬 앞지르고 있었다"[033]라고 말한다.

시계에 의해 측정되고 관리되는 시간표에 의해 노동 규율이 형성된다. 그리고 이러한 노동 규율은 '법'이 아닌 자본주의적 생산양식이 발명한 것이다. 마르크스의 말대로,

> "우리가 이미 본 바와 같이, 노동의 시간·한계·중단을 그와 같이 군대식으로 일률적으로 시계의 종소리에 맞추어 규제하는 이 세밀한 규정들은 결코 의회가 고안해 낸 것이 아니다. 세밀한 규정들은 근대적 생산양식의 자연법칙으로 당시의 상황에서 점차적으로 발전해 온 것이다."[034]

게다가 마르크스는 노동의 규율뿐만 아니라 노동 자체에 대해 비판적이다. 자본주의에 의해 노동자들은 "신체의 성장·발육·건전

---

**032** 칼 마르크스, 『자본론 1권(상)』, 김수행 옮김, 서울: 비봉출판사, 2008, 370쪽

**033** 『자본론 1권(상)』, 371쪽

**034** 『자본론 1권(상)』, 379쪽

한 유지에 필요한 시간"[035]을 빼앗기며 이러한 자본의 흡혈에 의해 노동자들의 생명력은 감소한다. 이렇게 노동자들의 활력과 에너지를 빨아먹는 자본주의는 그러나 노동자의 수명을 지나치게 단축시켜서는 안 되는데, 그것은 어떤 휴머니즘의 원리에 의해서가 아니라 최대 이윤의 추구에 방해가 되기 때문이다. 즉,

> "노동일의 반 자연적 연장이 개개의 노동자의 수명을, 그리하여 그들의 노동력의 생존 기간을 단축시킨다면, 소모된 노동력의 더 신속한 보충이 필요하게 될 것이며, 따라서 노동력의 재생산을 위한 비용은 더 많아질 것이다. 그것은 마치 기계의 가치 중 매일 재생산되어야 할 부분이 더 커지는 것과 마찬가지이다."[036]

따라서 무한한 노동력의 착취는 표준노동일의 제정을 통해 제약되어야 자본에 이롭다. 말하자면 자본은 장기적으로 자신을 확대 재생산할 수 있는 최적의 조건을 법제화한 것이다. 그런데 이러한 노동법을 준수하는 '합법적 착취'는 '자유롭고 평등한 계약'이라는 가상에 의해 가려진다. 마르크스는 다음과 같이 쓰고 있다.

**035** 『자본론 1권(상)』, 354쪽
**036** 『자본론 1권(상)』, 355쪽

들뢰즈의 이념적인 놀이

"우리의 노동자는 생산과정에 들어갈 때와는 다른 모습으로 생산과정으로부터 나온다는 것을 인정하지 않으면 안 된다. 시장에서 그는 '노동력'이라는 상품의 소유자로 다른 상품의 소유자(화폐를 가진 자본가)와 상대하고 있었다. 즉 상품소유자에 대해 상품소유자로 상대했다. 그가 자본가에게 자신의 노동력을 판매했을 때의 계약은 그가 자기 자신을 자유롭게 처분한다는 사실을 이를테면 흰 종이 위에 검은 글씨로 증명한 것이다. 거래가 완결된 뒤에야 비로소 그는 '자유로운 행위자'가 결코 아니었다는 것. 그가 자유롭게 자기의 노동력을 판매할 수 있는 기간은 그가 어쩔 수 없이 그것을 판매해야만 하는 기간이라는 것 … 이 판명된다."[037]

## 1.4 소비사회는 놀이의 사회인가?

혹자는 현대사회가 쾌락과 향유, 혹은 놀이에 의해 움직이는 '소비사회'라고 말하지만 이는 피상적인 견해에 불과하다. 장 보드리야르의 『소비의 사회』는 이를 잘 보여준다. 보드리야르에 의하면 소비는 자유와 쾌락, 해방이 아니라 "강제이고, 도덕이며, 제도이다".[038] 소비는 사회적 통제의 양식이다.

---

037 『자본론 1권(상)』, 406쪽
038 장 보드리야르, 『소비의 사회』, 이상률 옮김, 서울: 문예출판사, 1999, 117쪽

보드리야르에 의하면 소비사회는 소비를 '훈련'하는 사회이다. 이것은 신용판매제도에서 잘 드러나는데, 이 제도 속에서 인간들은 자신의 소비 욕망을 통제하고 조정해야 한다. 보드리야르는 다음과 같이 쓰고 있다.

> "신용판매제도는 사실 소비세대 사람들에게 강제적인 저축과 경제적 계산에 대한 체계적인 사회경제적 훈련을 실시하기 때문이다. 이 훈련을 받지 않으면 그들은 생활에 매몰되어 수요의 계획화에서 멀어졌을 것이며, 소비력으로서도 개척되지 않았을 것이다. 신용판매제도는 저축의 강요와 수요조정의 훈련과정이다."[039]

또한 소비는 개인적인 향유가 아닌 집단적인 커뮤니케이션의 체계이자 기호체계이다. 왜냐하면 현대사회에서 소비는 집단에서 공통적으로 인식되는 '차이 표시기호'를 획득하고 과시하는 과정이며 이러한 기호가 의미를 부여받는 과정이 커뮤니케이션의 과정이기 때문이다. 이런 의미에서 소비는 "향유를 배제"하며 "향유의 부인이라는 기반 위에 확립"[040]된다.

말하자면 소비사회는 기호체계가 '차이'에 의해서 짜이듯이 '차이'에 의해서 작동한다. 소비는 자신의 사회적 서열 내에서의 위치와

---

**039** 『소비의 사회』, 117쪽
**040** 『소비의 사회』, 112쪽

위신, 교육 및 교양 수준을 보여준다. 이런 의미에서 "소비가 모든 사람의 속성이 될 때에 그것은 더는 어떤 의미도 갖지 못하게 될지도 모른다".[041] 이런 의미에서 소비의 영역을 균질적인 영역으로 표상하는 것은 잘못된 것이다. 소비는 오히려 차이를 드러내고 생산하는 영역이다.

이런 의미에서 소비는 1) 의미작용 및 커뮤니케이션의 과정이자 2) 분류 및 사회적 차이화의 과정이다.[042] 더 나아가 소비사회에서 이러한 차이의 드러냄과 생산은 개인의 의지와는 상관없이 사실상 '강제'되는 것이다. 이와 같은 의미에서 **소비는 사회적 노동이다**.[043]

이런 의미에서 소비사회는 반–노동의 사회나 놀이의 사회가 아니라 또 다른 의미에서의 사회적 강제에 몸을 내맡기는 노동의 사회이다.

**041** 『소비의 사회』, 74쪽

**042** 『소비의 사회』, 80쪽

**043** 『소비의 사회』, 123쪽

**2.**

# 현대철학에서 '놀이'의 개념

## 2.1 노동에서 '놀이'로

정낙림에 의하면 현대철학에 있어서 '놀이'의 개념은 "근대성의 극복과 밀접한 관계가 있다".[044] 여기서 근대성이란 자본주의, 이성 중심주의, 주체 중심주의, 목적론적 역사관 등을 의미한다. 이러한 근대성은 앞에서 보았듯이 '노동인간'을 '제작'했고 근대사회에 있어서는 노동이 삶에 있어서 중요한 가치를 차지했다.

> "노동의 효율성을 위해 분업이 일반화하고, 놀이의 경쟁은 돈 벌기의 경쟁이 되었다. 컨베이어벨트 앞의 노동자는 아침부터 저녁까지 연자방아를 돌리는 소나 말처럼 같은 동작을 기계적으로 반복한다."[045]

---

**044** 정낙림, 『놀이하는 인간의 철학』, 서울: 책세상, 2017, 26쪽
**045** 『놀이하는 인간의 철학』, 22쪽

이와 같이 〈노동인간〉은 사회와 기쁜 관계를 맺지 못하고 있고, 앞에서 보았듯이 규율 속에서 자신을 끊임없이 '관리'해야 하며, 자신의 생명력을 스스로 갉아먹어야 한다. 이는 마르크스에 의해 인간이 자본에 흡혈당하고 있다고 표현된다. 이에 의해 〈노동인간〉은 피해의식과 원한에 사로잡히기 쉬우며, 이렇게 원한에 사로잡히게 되면 삶을 행복하게 영위하는 것은 불가능에 가깝다. 뿐만 아니라 이 〈노동인간〉은 해고당하거나 사회적으로 인정을 받지 못하는 순간 삶의 의미를 잃어버리게 된다. 이런 의미에서 우리는 〈노동인간〉으로부터 탈퇴해야 한다. 그렇다면 어떻게 〈노동인간〉으로부터 벗어날 수 있을까?

또한 합목적적 행위로서의 '노동'은 그 과정에서 순간순간 벌어지는 사건으로서의 '우연'을 무시하고 '결과'를 향해 돌진하게 만든다. 이러한 특성은 '외부'에서 도래하는 우연한 마주침 속에서의 깨달음이나 각성을 불가능하게 만듦으로써 우연을 긍정하지 못하게 만들며 이는 궁극적으로는 삶을 향유하는 것을 불가능하게 한다. 반면에 '놀이'에는 우연의 요소가 들어가 있으며 놀이에 있어서는 필연적인 목적과 결과만 중시되는 것이 아니라 그 과정 속에서 즐길 수 있는 요소가 있기 때문에 실행되는 것이다. 그렇다면 '놀이'를 통해 '노동인간'을 극복할 수 있지 않을까? 들뢰즈는 이러한 '노동'이나 도덕의 성격이 완전히 배제된 '순수한 놀이'로서 '이념적인 놀이'를 제시한다. 그렇다면 이 '이념적인 놀이'는 '노동인간'을 극복하는 단초가 될 수 있을 것이다.

한국에서 현대철학에 있어서 '놀이' 개념에 대한 연구를 진행한 대표적인 학자는 정낙림이다. 정낙림의 『놀이하는 인간의 철학』은 이러한 연구성과를 집대성하고 있다. 그런데 정낙림에 의하면 들뢰즈뿐만 아니라 현대철학자들은

(1) 목적이 아닌 과정을 강조한다는 점에서
(2) 생성과 우연, 순간을 모두 긍정한다는 점에서

노동보다는 놀이에 친화적이다. 정낙림은 이 책에서 니체, 하이데거, 가다머, 핑크, 비트겐슈타인 등의 놀이철학을 치밀하게 탐구하고 있지만, 그 자신의 말대로 프랑스 후기구조주의의 놀이철학을 탐구하지는 못했다. 이에 본 논문은 『놀이하는 인간의 철학』에서 다루어지지 않은 들뢰즈, 데리다, 푸코의 놀이철학에 대해서 탐구하고자 한다.

특히 들뢰즈, 데리다, 푸코의 놀이철학은 모두 니체에서 유래하는데, 니체의 놀이는 크게 존재론적 놀이, 인식론적 놀이, 역사철학적 놀이로 구분 지을 수 있고 본 논문에서는 존재론적 놀이에 관해서는 들뢰즈가, 인식론적 놀이에 관해서는 데리다가, 역사철학적 놀이에 대해서는 푸코가 다루어진다.

## 2.2 존재론적 놀이—헤라클레이토스, 니체, 들뢰즈

다음과 같은 헤라클레이토스의, 우리에게 하나의 수수께끼로 주어지는 단편을 보자.

"aion pais paizon pesseuon paidos e basileie(DK22B52)."[046]

이는 '아이온은 주사위 놀이를 하는 아이, 왕국은 아이의 것이니' 와 같이 번역될 수 있다. 여기서 영원의 시간으로서 아이온이 주사위 놀이를 한다는 것은 아이온이 우연을 생산함과 동시에 이러한 우연을 통해 관철되는 필연성임을 나타내고 있다. 그렇다면 아이온은 왜 '아이'에 비유되고 있는 것일까? 우리는 여기서 유명한 『차라투스트라는 이렇게 말했다』 1부의 「세 가지 변화에 대하여」에서 니체가 정신이 낙타에서 사자로, 사자에서 '아이'로 변화해야 한다고 말했던 것을 떠올려야 한다. 니체는 다음과 같이 쓰고 있다.

"아이는 순진무구함이며 망각이고, 새로운 출발, 놀이, 스스로 도는 수레바퀴, 최초의 움직임, 성스러운 긍정이 아닌가.
그렇다. 창조라는 놀이를 위해서는, 형제들이여, 성스러운 긍정이 필요하다."[047]

---

046 여기서 DK는 Die Fragmente der Vorsokratiker의 약어이다.
047 프리드리히 니체, 『차라투스트라는 이렇게 말했다』, 장희창 옮김, 서울: 민음사, 2017, 38쪽

말하자면 헤라클레이토스와 니체의 '아이'는 '차이'와 '창조'의 반복으로서 영원회귀인 것이다. 이것은 결코 무리한 해석이 아니다. 실제로 니체는 「그리스 비극 시대의 철학」이라는 글에서 헤라클레이토스의 철학의 핵심이 위에서 인용한 DK22B52에 있다고 파악하고 있으며, 다음과 같이 쓰고 있다.

> "헤라클레이토스는 외친다. … 생성과 소멸, 건축과 파괴는 아무런 도덕적 책임도 없이 영원히 동일한 무구의 상태에 있으며, 이 세계에서는 오직 예술가와 어린아이의 유희만을 가지고 있을 뿐이다. 어린아이와 예술가가 놀이를 하듯 영원히 생동하는 불은 놀이를 하면서, 무구하게 세웠다가 부순다. ─영겁의 시간 아이온은 자기 자신과 이 놀이를 한다. 마치 아이가 바닷가에서 모래성을 쌓듯이 그는 물과 흙으로 변신하면서 높이 쌓았다가는 부수곤 한다. 이따금 그는 놀이를 새롭게 시작한다."[048]

그리고 영원한 일자는 생성이라는 다수를 통해서 자신을 표현한다. 니체는 헤라클레이토스에게는 '이 세계가 영원한 시간 아이온의 아름답고 무구한 유희'였다고 말한다. 이런 의미에서 〈존재는 곧 생성〉이고 〈일자는 곧 다수〉라는 말이 성립한다: "일반적으로 일자는 다수이다".[049] 이는 일의적 존재가 다수로서 생성을 통해서 동등

**048** 프리드리히 니체, 「그리스 비극시대의 철학」, 『비극적 사유의 탄생』, 이진우 옮김, 서울: 문예출판사, 1997, 135쪽
**049** 「그리스 비극시대의 철학」, 130쪽

하게 표현된다는 것을 의미한다. 이런 의미에서 "영원회귀는 일의 적인 존재 이외의 다른 본질을 갖지 않"으며 "영원회귀는 존재의 일의성인 것이다".[050] 들뢰즈는 이미 『니체와 철학』에서 이러한 헤라클레이토스와 니체의 연관을 파악하고 있었다.

> "헤라클레이토스는 깊이 들여다보았다. … 그는 생성 속에서 부정적인 어떤 것도 보지 못했다. 그는 생성과 생성의 존재의 이중의 긍정, 요컨대 존재의 정당화라는 정반대의 것을 보았다. … 즉 생성의 존재는 무엇인가? 생성되고 있는 것으로부터 구분할 수 없는 존재는 무엇인가? 되돌아오기는 생성되는 것의 존재이다. 되돌아오기는 생성 그 자체의 존재이고 생성 속에서 긍정되는 존재이다. 생성의 법칙, 정의, 그리고 존재로서의 영원회귀인 것이다."[051]

그리고 이러한 일자와 다수의, 존재와 생성의 내적인 관계는 하나의 놀이를 이룬다. 또한 이러한 생성과 생성의 존재를 긍정하는 것은 놀이하는 자로서 '아이'에 의해 이루어진다. 이러한 '아이'의 비유는 헤라클레이토스로부터 온 것임을 명확히 인식해야 한다: "헤라클레이토스는 말하길, 아이온은 놀이하는 아이이고 …".[052]

---

**050**  질 들뢰즈, 『들뢰즈가 만든 철학사』, 박정태 옮김, 서울: 이학사, 2019, 51쪽

**051**  Gilles Deleuze, *Nietzsche et la philosophie*, Paris: P.U.F, 1983, p.28 (국역본: 질 들뢰즈, 『니체와 철학』, 이경신 옮김, 서울: 민음사, 2008, 59쪽)

**052**  *Nietzsche et la philosophie*, p.28 (국역본: 60쪽)

다시 헤라클레이토스의 단편으로 돌아오면, 왕국이 아이의 것이라는 말은 왕국이 상징하는 필연성의 질서가 곧 영원회귀하는 존재의 일의성이라는 것을 의미한다. 이러한 '왕국'은 들뢰즈가 존재의 일의성을 "왕위에 오른 아나키"[053]라고 부른 것을 떠오르게 한다.

이러한 아이온의 놀이 혹은 영원회귀의 놀이는 니체와 들뢰즈에 있어서 〈주사위 놀이〉로 개념화된다. 주사위 놀이는 우연을 절대적으로 긍정하기에 이러한 우연 속에서 반복되는 필연을 긍정하는 놀이이다. 니체는 『차라투스트라는 이렇게 말했다』에서 다음과 같이 쓰고 있다.

> "'만물 위에는 우연이라는 하늘, 순진무구함이라는 하늘, 의외라는 하늘, 자유분방함이라는 하늘이 있다.'라고 내가 가르친다면, 그것은 참으로 축복일 뿐 결코 모독은 아니다. 우연, 이것이야말로 세계의 가장 오래된 귀족이다. 나는 이 귀족을 만물에 돌려줌으로써 만물을 목적이라는 노예 상태로부터 구해주었던 것이다."[054]

니체에 있어서 우연은 필연과 대립되지 않으며, 단지 거짓된 필연성으로서 목적론과 인과율을 파괴한다. 이성이라는 거미는 목적론과 인과율을 씨실과 날실로 삼아 그물망을 짜지만, 우연이라

---

**053** 『들뢰즈가 만든 철학사』, 48쪽
**054** 『차라투스트라는 이렇게 말했다』, 293~294쪽

　들뢰즈의 이념적인 놀이

는 거대한 괴물은 무심코 그물을 찢어버린다. 또한 니체는 이를 다른 비유를 통해서도 표현한다. 즉 이성을 가진, '영리한 난쟁이'로서 '우리'는 의지와 목적을 갖고 계산을 하지만, "우연이라는 … 거인들에게 괴롭힘을 당하고 거인들에게 부딪혀 쓰러지고 종종 짓밟혀 죽기도 한다".[055]

니체는 보편성의 거미, 즉 "인과성과 목적성의 집게발로 우연을 잡고 그것을 파괴하는"[056] 거미야말로 삶이라는 주사위 놀이에 서투른 자라고 말한다. 이 서투른 놀이꾼들은 무수한 주사위 던지기의 반복에 기대한다. 그런데 진정한 주사위 놀이꾼은 단 한 번에 모든 우연을 긍정한다. 모든 우연을 긍정하는 것은 모든 조합을 긍정한다는 것을 의미한다. 그리고 조합의 총 개수는 모든 던짐을 가로질러 항상 동일하기에, 니체와 들뢰즈가 "운명적인 유일한 수, 우연 그 자체의 유일한 수"[057]라고 말하는 것은 바로 이 조합의 수이다. 이 조합의 수의 동일성은 "우연의 모든 부분들을 조합하는"[058] 방식이 유일하다는 것을 의미한다. 이러한 조합하는 방식이 바로 영원회귀하는 필연성이다. 따라서 모든 우연을 긍정한다는 것은 이 유일한 조합방식을 긍정한다는 것을 뜻한다.

진정한 놀이꾼과는 달리 단번에 모든 우연을 긍정하지 못하기에 우리는 인과율과 확률성을 이용하여 자기가 원하는 결과를 얻으려

---

**055** 프리드리히 니체, 『아침놀』, 박찬국 옮김, 서울: 책세상, 2011, 147쪽

**056** *Nietzsche et la philosophie*, p.31 (국역본: 65쪽)

**057** *Nietzsche et la philosophie*, p.30 (국역본: 63쪽)

**058** *Nietzsche et la philosophie*, p.30 (국역본: 63쪽)

고 노력하게 되는데, 이렇게 되면 삶이라는 놀이를 제대로 즐길 수 없게 된다. 왜냐하면 자신이 원하는 결과가 나오지 않으면 이 서투른 놀이꾼들은 운명에 대한 복수심과 원한에 사로잡히게 되며 목적을 이루지 못했다고 자신을 자책하게 된다. "주사위 던지기의 반복 속에서의 원한, 그것은 목적에 대한 신념 속에서의 가책이다".[059] 그리고 원인도 목적도 없는 세계를 긍정하는 것은 영원회귀의 필연성을 긍정하는 것이며 따라서 "인과성과 목적성, 확률성과 목적성의 쌍"[060]은 우연과 필연, 우연과 운명의 쌍으로 대체된다.

그런데 니체는 이러한 모든 우연을 단번에 긍정하는 것이 쉬운 일이 아니라고 말한다. 그렇기 위해서는 우연은 먼저 솥 안에서 〈끓여져야〉 한다. 우연의 많은 조각들은 자신의 확률성을 통해 놀이꾼을 유혹하고 간청하기 때문이다. 이러한 솥 안에서의 끓어오름은 "다수적 긍정이고, 다수에 대한 긍정"[061]인 주사위 던지기를 "하나의 긍정"으로 만드는데, 왜냐하면 끓임은 확률성에 의해 놀이꾼이 영향받는 것을 차단함으로써 모든 조합을 동등하고 평등한 것으로 만들기 때문이다. 이러한 동등성과 평등성에 의해 놀이꾼은 비로소 모든 우연을 단 한 번에 긍정할 수 있게 된다. 말하자면 유일한 우연의 조합방식은 모든 우연들에 대해 동등하게 표현된다. 이런 의미에서 우연의 조합방식 혹은 조합의 수는 "존재, 하나, 필연

---

**059**  *Nietzsche et la philosophie*, p.31 (국역본: 65쪽)
**060**  *Nietzsche et la philosophie*, p.31 (국역본: 65쪽)
**061**  *Nietzsche et la philosophie*, p.34 (국역본: 69쪽)

성이지만, 다수 그 자체를 긍정하는 하나이고, 생성 그 자체를 긍정
하는 존재이며, 우연 그 자체를 긍정하는 운명"[062]이다.

## 2.3 인식론적 놀이: 데리다

데리다는 들뢰즈가 주목하는 니체의 존재론적인 놀이
와는 달리 니체의 인식론적/해석적 놀이에 주목한다. 니체는 사유
와 인식 또한 하나의 '놀이'로 간주한다. 니체는 진정한 의미의 사유
는 '노동'이 아니며 철학자를 "철학적 노동자"[063]와 구분 지어야 한
다고 말한다. 사유는 말하자면 창조적인 예술이다. 그리고 이러한
인식론적 창조는 기호들의 대체/변형/치환으로서의 은유와 환유를
통해서 이루어진다. 이는 니체의 「비도덕적 의미에서의 진리와 거짓
에 관하여」라는 논문에서 잘 드러난다. 니체에 의하면 인식의 창조
자는 "대담한 비유들의 도움을 받는다".[064] 더 나아가 니체는 지금
까지의 모든 진리가 사실은 사람들이 그것이 은유임을 망각한 은유
에 지나지 않는다고 말한다. 니체는 다음과 같이 쓰고 있다.

"그렇다면 진리는 무엇인가? 유동적인 한 무리의 비유, 환유,

---

062  *Nietzsche et la philosophie*, p.34 (국역본: 70쪽)
063  프리드리히 니체, 「선악을 넘어서」, 김훈 옮김, 서울: 청하, 2003, 143쪽
064  프리드리히 니체, 「비도덕적 의미에서의 진리와 거짓에 관하여」, 「비극적 사유의 탄생」, 이진우 옮김,
     서울: 문예출판사, 1997, 198쪽

의인관들이다. 간단히 말해서 시적, 수사학적으로 고양되고 전용되고 장식되어 이를 오랫동안 사용한 민족에게는 확고하고, 교의적이고, 구속력이 있는 것으로 여겨지는 인간적 관계들의 총계이다. 진리들은 환상들이다. 진리들은 마멸되어 감각적 힘을 잃어버린 비유들이라는 사실을 우리가 망각해버린 그런 환상들이며, 그림이 사라질 정도로 표면이 닳아버려 더 이상 동전이라기보다는 그저 쇠붙이로서만 여겨지는 그런 동전들이다."[065]

이러한 동전이라는 비유는 기호들의 대체/변형/치환의 가능성을 표현하기 위해 채택된 것이다. 그리고 '닳지 않은' 구체적이고 생생한 비유로서 대체/변형/치환은 개념들의 재생산으로서의 노동이 아닌 창조적이고 예술적인 '놀이'이다. 이러한 창조적인 '직관적 인간'은 "명랑과 구원의 결실"[066]을 얻는다. 그리고 이러한 은유와 환유는 일종의 '도약'으로서, 인과성과 목적성을 넘어선 '우연성'에 기반해 있다.

데리다는 「인문과학 담론에서의 구조, 기호, 놀이」라는 유명한 논문에서 이러한 니체적 의미의 인식론적 '놀이'의 개념을 통해 구조주의를 비판한다. 데리다에 의하면 구조를 안정화시키고 균형에 이르게 하는 '중심'에 의해 대체/변형/치환으로서의 '놀이'가 제한된다.

구조의 중심은 "시스템의 일관성을 조직하고 거기에 방향을" 주

---

**065** 「비도덕적 의미에서의 진리와 거짓에 관하여」, 200쪽
**066** 「비도덕적 의미에서의 진리와 거짓에 관하여」, 211쪽

들뢰즈의 이념적인 놀이

지만, 중심에 있는 요소들은 치환, 변형, 대체가 금지된다: "중심으로서 중심은 내용들의, 요소들의, 용어들의 대체가 더 이상 가능하지 않는 바로 그 지점이다".[067]

그리고 중심은 구조 안에 있지만 동시에 '구조의 구조성'을 보증한다는 의미에서 구조의 바깥에 있다. 이러한 중심은 차라리 구조의 '토대' 혹은 '근거'를 이룬다. 이러한 토대 혹은 근거에 의해 '불안'은 극복되고 '안정적인 확신'이 성립하게 된다. 이러한 '불안'은 요소들의 '놀이'의 가능성으로서의 대체가능성, 변형가능성, 치환가능성에 의한 것이다. 그런데 〈구조의 역사〉를 이야기하기 위해서는 구조의 중심이 대체가능하고 언제나 대체되어 왔다는 것이 전제되어야 한다. 이러한 대체는 서구 전통에서 은유나 환유에 해당한다. 이렇게 구조의 중심이 대체된다는 것은 구조의 근거로서의 중심의 자리를 차지하는 요소가 그 자리에 있는 것이 단지 우연일 뿐임을 보여준다. 더 나아가 사람들은 중심은 고정된 장소가 아니라 하나의 '기능'일 뿐이라는 것을 알게 된다. 즉 중심은 "기호들의 대체가 끝없이 이루어졌던 일종의 비장소"[068]라는 것을 알게 된다.

여기서 더 나아가 데리다는 이러한 대체, 변형, 치환의 놀이가 '기호'의 개념 자체를 파괴시킨다고 말한다. 왜냐하면 이러한 대체, 변형, 치환의 놀이를 초월하는 것이 없다면 "선험적이거나 특권적

---

자크 데리다, 『글쓰기와 차이』, 남수인 옮김, 서울: 동문선, 2007, 440쪽
『글쓰기와 차이』, 441쪽

인 기의란 없"기 때문이다.[069] 즉 감각적인 것으로서의 기표를 선험적이거나 특권적인 기의로 환원할 수 없게 된다.

그런데 전통적인 형이상학은 감각적인 것으로서의 기표와 지성적인 것으로서의 기의의 대립 위에 구축되어 있다. 그럼에도 불구하고 고전적인 형이상학적 환원은 기표를 말소하고 순수한 기의의 현전을 지향함으로써 기표와 기의의 대립을 '해소'하려고 했다. 이것은 하나의 역설이다. 즉 **"역설**, 그것은 기호의 형이상학적 환원이 그것이 환원시키는 대립을 필요로 했다는 점이다".[070]

그런데 흥미롭게도 데리다는 레비스트로스의 『신화학』에서 '무중심적 구조'를 읽어낼 뿐만 아니라 레비스트로스의 논의가 '신화의 통일이나 절대적인 원천은 없다'는 방향으로 나아가고 있다고 말한다. 레비스트로스는 참조신화로서의 보로로족의 신화를 들고 있는데, 이는 "대표적 신화들 가운데 무작위로 선택된 것"[071]이며 다른 신화들의 변형에 불과하다. 이런 의미에서 신화의 절대적인 원천·기원·발상지는 존재하지 않는다.

> "신화의 발상지나 원천은 언제나 포착 불가능하고 실현 불가하며, 그리고 우선 존재하지 않는 잠재성들 혹은 그림자들이다. 모든 것은 구조·외형, 혹은 관계에 의해 시작한다. 신화라는 이

---

**069**  『글쓰기와 차이』, 442쪽
**070**  『글쓰기와 차이』, 443쪽
**071**  『글쓰기와 차이』, 450쪽에서 재인용

> 무중심적인 구조에 관한 담론은 그 자체가 절대적인 주제도 절대적인 중심도 가질 수 없다. 이 담론은 신화의 형태와 움직임을 놓치지 않기 위해서 무중심적 구조를 기술하는 언어에 중심을 부여하는 것과 같은 폭력을 피해야만 한다.[072]

즉 신화 자체가 무중심적 구조를 이루고 있으므로 신화에 대한 담론 자체가 무중심적 구조를 이루어야 하고, 따라서 신화에 대한 담론은 과학이나 철학이 아닌 또 다른 '신화'여야 한다: "신화들에 대한 구조적 담론, 신화-론적인 담론은 그 자체가 신화-형태이어야 한다".[073]

레비스트로스는 신화의 총체가 경험의 한계를 넘어서기에 오성이 도달할 수 없다는 의미에서 '불가능한 것'이라고 말한다. 데리다는 레비스트로스의 이 '경험주의'를 비판한다. 이것은 데리다가 '기표'를 중요시 여기는 것에 모순된 것이 아닌가? 전혀 그렇지 않은데, 왜냐하면 데리다가 말하는 '원-에크리튀르'의 경험은 자연적 경험이 아니며, "선험적 경험의 영역"[074]에 속해 있기 때문이다. 이러한 선험적 경험은 물론 후설에서의 생생하고 단순한 현재 또는 현전이 아니라 이질적인 것이 종합된 것을 뜻한다. 데리다는 심지어 '청각적 이미지'조차도 물리적이거나 물질적인 소리가 아니라 "소리의

---

**072** 『글쓰기와 차이』, 451쪽

**073** 『글쓰기와 차이』, 451쪽

**074** 자크 데리다, 『그라마톨로지에 대하여』, 김웅권 옮김, 서울: 동문선, 2004, 115쪽

심적 자국"[075]이라고 말한다. 또한 데리다는 이러한 자국, 흔적으로서 이미지가 관념적이거나 경험적인 실체에 선행한다고 주장하며, 이런 의미에서 "차연은 … 자취의 각인된 존재"[076]라고 말한다. 즉 데리다는 소박한 경험론과 관념론을 넘어서 새로운 의미의 '선험적 경험론'을 수립하는 것이다. 말하자면 데리다는 감각적인 것과 예지적인 것의 구분을 폐기하는 것이다.

데리다는 앞에서 보았던 레비스트로스의 '철학을 넘어선 경험주의'는 바로 소박한 경험론을 담고 있다고 말한다. 레비스트로스의 구조주의는 한편으로는 경험주의에 대한 비판으로 제시되지만 다른 한편 레비스트로스의 저작들은 경험적인 에세이로 제시된다. 즉,

> "구조적 도식들은 일정량의 정보로부터 결과되는 가설들처럼, 그래서 사람들이 경험의 시험대에 올릴 수 있는 가설들처럼 제안된다."[077]

이런 의미에서 레비스트로스가 신화의 총체성을 불가능한 것으로 또한 무의미한 것으로 제시하는 데에는 이런 경험주의의 "철학에 대한 이른바 침범"[078]이 있다. 그런데 이러한 경험주의를 넘어서는 비총체화의 작업이 있다. 신화의 비총체화는 다음 두 가지 유형

---

**075** 『그라마톨로지에 대하여』, 119쪽
**076** 『그라마톨로지에 대하여』, 119쪽
**077** 『글쓰기와 차이』, 453쪽
**078** 『글쓰기와 차이』, 453쪽

이 있는 것이다.

(1) 유한한 담론으로서는 통제할 수 없는 무한한 풍요를 강조하며 "경험성에의
    귀속으로서의 유한성"[079]을 강조하는 유형
(2) 유한한 담론으로 무한한 영역을 통제하는 것이 아니라 애초부터 유한한 총체
    의 울타리 안에서 "무한한 대체"[080]가 이루어지는 유형


(2)의 유형이 바로 데리다가 해석한 니체적인 '놀이', 즉 영원회귀
의 놀이와 관련된다. 무한한 대체란 요소들 혹은 조각들의 변형과
치환이 영원히 계속됨을 의미하는 것으로 '생성'의 영원한 반복(되돌
아옴)을 의미하는 것이기 때문이다. 데리다에 의하면 이러한 생성의
긍정이자 영원회귀의 긍정으로서의 '놀이'는 "현전의 붕괴"인데, 왜
냐하면 모든 것이 끊임없이 대체 가능하다면, 대체/변형/치환될 수
없는 고유한 진리의 현전은 불가능하기 때문이다. 이러한 대체로서
의 반복의 긍정은 과거에의 향수나 기원으로의 회귀에의 욕망을 넘
어서는 것이다. 레비스트로스의 저작에서 '놀이'는 많이 등장하지만
레비스트로스가 바라본 '놀이'에는 향수와 기원에 대한 동경이 담겨
있다. 데리다는 다음과 같이 쓰고 있다.

| "레비스트로스가 다른 누구보다 더 반복의 놀이와 놀이의 반 |

---

**079** 『글쓰기와 차이』, 454쪽
**080** 『글쓰기와 차이』, 455쪽

복을 나타나게 하긴 하지만. 그렇다고 그에게서 일종의 현전의 윤리가, 기원의 향수의 윤리가, 자연적이고 고풍적인 순수의 윤리, 파롤 속의 현전의 순수성과 자아 현전의 윤리가 보이지 않는 것은 아니다."[081]

그런데 이러한 죄의식과 슬픈 향수에 젖은 놀이의 사유가 아닌, 니체적 의미의 긍정적인 놀이의 사유가 존재한다. 데리다는 다음과 같이 쓴다.

"부재한 기원의 상실되었거나 혹은 불가능한 현전을 향한, 단절된 직접성의 이러한 구조주의적 주제는 결국 놀이의 사유의 슬프고 부정적인 향수에 젖은, 죄스럽고 루소적인 면이거니와 이것의 또 다른 면이 바로 니체적인 긍정, 세계의 놀이의 유쾌한 긍정. … 적극적인 해석에 제공된 오류도 진실도 원천도 없는 기호 세계의 긍정이리라."[082]

이러한 긍정은 또한 은유와 환유가 앞에서 말한 바와 같이 '우연성'에 기반해 있으므로 우연의 긍정, 즉 "절대적인 우연"[083]의 긍정이 된다.

---

**081** 『글쓰기와 차이』, 458쪽
**082** 『글쓰기와 차이』, 459쪽
**083** 『글쓰기와 차이』, 459쪽

## 2.4 역사철학에 있어서 놀이: 푸코

　　미셸 푸코의 계보학은 역사철학에 있어서 주사위 놀이라고 볼 수 있다. 실제로 푸코는 「니체, 계보학, 역사」라는 유명한 논문에서 니체의 "우연의 주사위 통을 흔드는 필연이라는 억센 손"[084]이라는 구절을 인용하고 있다. 푸코의 계보학과 고고학 모두 '우연'의 문제와 깊이 연관되어 있다.

　푸코는 계보학이 발견하는 것은 "우연들, 곧 미세한 일탈들"[085]이라고 말하고 있다. 말하자면 진리 혹은 존재는 "현재 우리의, 현재 우리가 알고 있는 것의 뿌리"에 놓여 있지 않고, "우연들이라는 외재성에 놓여"[086] 있다. 이러한 '우연의 긍정'은 바로 우발적인 '사건'을 긍정하는 것이다. "즉 계보학은 모든 단선적인 목적성의 외부에서 사건들의 고유성을 기록해야만"[087] 한다. 푸코에 의하면 계보학은 우리에게 본래적으로 주어진 것, 즉 역사가 없는 것처럼 보이는 것의 유래에서 다양한 '사건'들을 발견해야 한다. 또한 계보학은 사건들이 점진적인 진보의 곡선을 따라 움직인다고 생각하지 않으며 사건에 의한 불연속과 파열을 긍정한다. 이러한 우발적인 사건을 통제하려는 시도는 더 큰 우연을 불러온다.

---

084　아침놀, §130; Michel Foucault, *Nietzsche, la généalogie, l'histoire*, ≪Hommage à Jean Hyppolite≫, Paris: PUF, 1971, p.161에서 재인용

085　*Nietzsche, la généalogie, l'histoire*, p.152

086　*Nietzsche, la généalogie, l'histoire*, p.152

087　*Nietzsche, la généalogie, l'histoire*, p.145

> "우연은 제비뽑기일 뿐만 아니라 … 우연을 장악하려는 모든
> 시도 속에서 혼란을 야기시키며, 훨씬 더 큰 우연이라는 위험을
> 발생시킨다."[088]

　그리고 이러한 사건들의 〈궁극적인 의미〉는 존재하지 않으며 전통 형이상학에서의 〈기원〉이나 〈종말〉과 같은 목적론적으로 가치가 부여된 낱말은 힘을 잃는다. 오히려 푸코는 우리의 세계가 "뒤얽혀 있는 수많은 사건들의 세계"[089]에 불과하다고 말한다. 또한 우연이 푸코가 〈권력〉과 동의어로 쓰는 〈세력관계〉를 형성한다. 푸코는 다음과 같이 쓰고 있다.

> "역사 속에 작용하는 세력들은 운명이나 규제적인 메커니즘에
> 의해 통제되지 않고 우연한 갈등들에 반응한다. 그 세력들은 근
> 본적인 의도의 계속적인 형식을 표현하지 않으며, 그것의 매력
> 도 하나의 결론으로서의 매력이 아니다. 왜냐하면 그 세력들은
> 언제나 사건들의 독특한 우연성을 통해 나타나기 때문이다."[090]

　이러한 우연성들, 즉 우발적 사건들로서의 일탈들은 순수성, 불변성, 동질성, 통일성을 깨뜨리고 간극, 차이, 이질성, 불연속을 도

---

**088** *Nietzsche, la généalogie, l'histoire*, p.161
**089** *Nietzsche, la généalogie, l'histoire*, p.162
**090** *Nietzsche, la généalogie, l'histoire*, p.162

입한다. 이러한 간극과 차이, 이질성에 대한 긍정은 사물들의 역사적 단초에서 "다른 사물들의 질서"[091]로서 부조화(disparité)를 발견하는 것이다.

이것은 말하자면 "시간의 다양성을 자체 속에 완전히 폐쇄된 하나의 전체성으로 구성"[092]하는 것이 더 이상 불가능할 뿐만 아니라 바람직하지 않다는 것을 의미한다. 차라리 이러한 총체성 혹은 전체성으로 역사를 환원해서 파악하지 않는 것이야말로 뛰어난 능력, 즉 "구별하고, 분리하고, 분산시킬 줄 아는, 말하자면 분산력과 주변적 요소들을 해방시킬 수 있는"[093] 능력의 표현일 수 있다. 그리고 이러한 '분산적 관점'은 과거의 사건들을 지배하는 인간의 통일성을 파괴한다.

또한 푸코에 의하면 전통적인 역사적 사유는 현재의 욕구들을 사물의 기원에 투영함으로써 사물에 대한 목적론적 해석을 해왔다. 푸코는 그러나 이러한 목적론을 파괴해야 한다고 말한다.

> "처벌은 본보기를 제시하는 것 이외의 다른 목적들도 가지고 있었다. … 처벌은 그것의 전 역사를 통해 다양한 욕구들-공격자를 배제하며 희생자를 보상하며 공포를 창출하는 복수-에 종속되어 있었다."[094]

**091** *Nietzsche, la généalogie, l'histoire.* p.148
**092** *Nietzsche, la généalogie, l'histoire.* p.159
**093** *Nietzsche, la généalogie, l'histoire.* p.159
**094** *Nietzsche, la généalogie, l'histoire.* p.154~155

그리고 전통철학은 이러한 목적이 완전하게 실현되었던 시간이 〈발생의 순간〉이라고 주장하며 이 발생적 기원의 순수성을 동경해 왔다. 그러나 푸코는 역사에는 이러한 순수성이 없으며 이질적인 다수의 지배력들이 투쟁하고 경합하는 '관계'의 장, 즉 "모험적인 놀이"[095]를 하는 '세력'들이 관계 맺는 장을 발견해야 한다고 말한다. 푸코에 의하면 어떤 것이 '출현'하는 것은 이와 같은 다원적인 힘들의 놀이에 의해서이다. 푸코는 다음과 같이 쓰고 있다.

> "출현은 항상 세력들 간의 연관관계에 있어 한 특수한 단계를 통해 이루어진다. 발생에 대한 분석은 이러한 상호작용을 묘사해야 하며, 이들 세력들이 서로서로에 대해, 혹은 반대편 환경들에 대해 수행하는 투쟁을 묘사해야 하며 그리고 이들 세력들의 내분을 조장함으로써 타락을 막고 힘을 다시 획득하려는 시도를 묘사해야 한다."[096]

니체에 의하면 한 사회적 종(種)이 형성되는 것은 "근본적으로 불리한 조건과의 오랜 투쟁을 통해서"[097]이다. 말하자면 한 종의 형성은 〈타자〉로서의 "무서운 위협"[098]과 위기를 통해서 이루어진다. 즉 다수적인 힘들의 긴장이 필요한 것이다.

---

**095** *Nietzsche, la généalogie, l'histoire*, p.155
**096** *Nietzsche, la généalogie, l'histoire*, p.155
**097** 『선악을 넘어서』, 214쪽
**098** 『선악을 넘어서』, 214쪽

이런 의미에서 〈출현〉은 힘들의 예측 불가능한 〈드라마〉의 펼쳐짐의 결과이다. 이 예측 불가능한 우연성은 힘들의 놀이의 장이 폐쇄적이지 않고 다수적인 힘들 사이의 간극이 존재하기에 존재한다.

이러한 사건과 우연성에 대한 강조는 고고학 시기에도 잘 드러난다. 우연과 사건의 발생을 『지식의 고고학』의 용어로 번역하자면 '분산'일 것이다. 푸코는 고고학이 사건들의 분산을 통일성에 복속시키거나 분류체계를 통해 지배하려는 모든 시도를 포기하는 것을 의미한다고 말한다. 푸코에 의하면 우리는 "분산된 사건들의 무리에만 관심을 가질 것을 받아들여야만 한다".[099] 이를 위해서는 전통, 경향, 발전, 진화, 정신, 망탈리테(mentalité) 등의 개념을 포기해야 한다. 이러한 '연속주의적 개념'들의 사용은 사건의 불연속적인 파열을 긍정함으로써 중단되어야 한다. 더 나아가 진정한 사건들의 파열을 불가능하게 만들며 모든 시작을 재시작으로 만드는 '시원' 또는 '기원'의 개념을 포기해야 한다. 푸코는 다음과 같이 쓰고 있다.

> "담론의 무한한 연속성을 그리고 언제나 갱신되는 부재의 놀이 속에서의 그의 비밀스러운 자기현존을 보장하는 것으로 기능하는 이 논제들을 버려야 한다. 사건들의 파열 속에서 담론의 각 순간들을 모으는 것, 그(담론)를 나타나게 하는 이 시간적 정확성 속에서, 그로 하여금 반복되고, 인식되고, 잊혀지고, 변환되고,

**099**   미셸 푸코, 『지식의 고고학』, 이정우 옮김, 서울: 민음사, 2011, 45쪽

그의 최소한의 흔적에 이르기까지 지워지고, 모든 시선으로부터 외면된 채 매장될 수 있게 해주는 이 시간적 분산 속에서, 책들의 먼지 속에서. 담론을 시원의 먼 현존에 관련시키지 말자."[100]

푸코가 강조하고 있는 '사건의 파열'은 필연적인 인과적 사슬이나 목적론의 사슬을 폭파시키는 불연속적이고 예측 불가능한 우발적 사건의 도래를 의미한다. 이러한 의미에서 계보학뿐만 아니라 고고학 또한 '우연의 긍정'이다. 이러한 우발적인 사건의 반복은 이 반복 속에서 '차이'를 낳는데 이렇게 차이를 낳는 현상을 푸코는 '분산'이라고 부르는 것이다. 그런데 푸코에 의하면 이러한 분산은 '체계'를 이룬다. 푸코는 다음과 같이 쓰고 있다.

"우리의 분석은 분산의 체계를 기술하는 것이다."[101]

이러한 분산의 체계를 푸코는 다른 말로 담론적 형성의 규칙들이라고 부른다. 이러한 담론적 형성은 언표만을 형성하고 분산시키는 것이 아니라, '대상들, 언표행위의 양태들, 개념들, 테마적 선택들'을 형성하고 분산시킨다. 이런 의미에서 "형성의 규칙은 주어진 담론적 분배에 있어서의 존재의 … 조건이다".[102]

---

푸코는 동일한 형성의 규칙을 공유하는 언표들의 집합을 '담론'이라고 부른다. 또한 푸코는 이질적인 담론들을 가로질러 공통적인 "언표들의 형성과 변환의 일반적인 체계"[103]를 '문서고'라고 부른다. 이러한 문서고는 "말해질 수 있는 것의 법칙, 단일한 사건으로서의 언표들의 출현을 지배하는 체계"[104]이고 이 체계에 의해 언표의 가능성과 불가능성이 규정된다. 즉 문서고는 언표 가능성의 체계인 것이다. 따라서 이 문서고는 "우리의 연속성을 빼앗고, 시간적 동일성을 분산시키며 선험적인 목적론의 실타래를 잘라버린다".[105] 말하자면 이러한 언표의 형성과 변환의 일반적인 체계로서의 문서고는 현행적인, "우리 자신의 언어"를 구성하는 동시에 해체시키기에 "우리 자신의 언어"의 바깥에 있다: "그것은 우리의 바깥에서 우리를 제한하는 것이다".[106] 이런 의미에서 문서고는 '차이'를 생산하며 우리 자신의 자기 동일성을 파괴한다. 문서고는 우리 자신이 '분산'의 결과라는 것을 보여준다. 푸코는 다음과 같이 쓰고 있다.

> "이와 같이 이해된 진단은 구분들의 놀이에 의해 우리의 동일성의 일정함을 수립하지 않는다. 그것은 우리가 차이라는 것을, 우리의 이성은 담론들의 차이라는 것을, 우리의 역사는 시간들의 차이라는 것을, 우리의 자아는 가면들의 차이라는 것을 수립

---

**103** 『지식의 고고학』, 188쪽
**104** 『지식의 고고학』, 187쪽
**105** 『지식의 고고학』, 190쪽
**106** 『지식의 고고학』, 190쪽

> 하는 것이다. 차이란 잊혀진 그리고 복구된 시원적 존재가 아니
> 라 우리들의 존재인 그리고 우리들의 행위인 이 분산이라는 것
> 을.⁻107

이와 같은 '바깥'으로서의 문서고와의 마주침은 '우연'이지만 문서
고는 하나의 '체계'를 이룬다는 점에서 '우연' 속에서 반복되는 필연
성을 이룬다. 이런 의미에서 지식의 고고학조차도 하나의 '주사위
놀이'이다.

---

107  『지식의 고고학』, 190쪽

**3.**

# 소결론

이른바 '노동인간'은 절대 자연발생적으로 생겨나지 않았고 다양한 사회적 장치들을 통해 '제작'된 것이다. 프로테스탄트 윤리, 규율권력, 자본주의 생산양식 등이 바로 이러한 장치들이다. '노동인간'은 역사적으로 볼 때 매우 예외적인 유형으로서, 오랜 시간 동안 인간은 돈을 벌기보다 노동을 적게 하는 것을 선호해 왔다. 왜냐하면 노동은 자신의 생명력을 갉아먹기 때문이다(이런 이유에서 제국주의가 전통적인 사회를 자본주의 사회로 변형시키는 데 크게 애를 먹었던 것이다). 이러한 생명력의 감퇴는 인간을 슬프게 하고, 무의식적인 원한과 피해의식에 사로잡히게 한다. 혹자는 소비사회로서의 현대 자본주의 사회가 '노동'의 사회가 아니라 '놀이'의 사회라고 말하지만, 소비는 사회적인 신분의 '차이'를 드러내는 또 다른 의미의 '사회적 노동'이지 진정한 의미의 '향유'가 아니다. '놀이철학'은 사회적 강제로부터 자유로워지는 것을 지향한다. 뿐만 아니라 노동인간이 목적과 결과를 향해 그 과정에서 벌어지는 우연한 사건들을 무시하고 돌진하는 반면에, '놀이'의 철학은 이러한 우연한 사건들로부터 많은 것을 깨닫고 그럼으로써 각각의 우연을 긍정하고 향유할 수 있는 인격을 함양한다.

특히 현대철학자 중에서 들뢰즈, 데리다, 푸코의 '놀이철학'은 모두 니체에서 유래한다고 볼 수 있다. 이들은 공통적으로 니체에게서 '우연의 절대적 긍정'을 발견하고 있으며 그것을 '놀이'로 개념화하고 있다. 이들의 관심사에 따라 니체에게서 들뢰즈는 존재론적 놀이로서 주사위 놀이를, 데리다는 인식론적 놀이로서 '은유'를, 푸코는 역사철학적 주사위 놀이를 발견하고 있다. 특히 이 셋 모두 이러한 '놀이'를 지엽말단적인 개념이 아니라 핵심적인 개념으로 발전시키고 있다.

**이 셋 중 들뢰즈의 존재론적 주사위 놀이 개념은 '이념적인 놀이'의 개념으로 이어진다.**

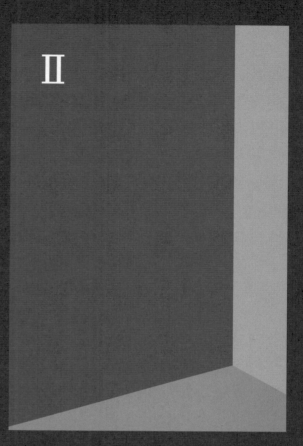

# II

# 들뢰즈의
# 영원회귀론

**1.**

# 『차이와 반복』에서의 영원회귀론

## 1.1 습관의 수동적 종합

    대상이 AB, AB, AB… 와 같이 반복될 때 대상에서 변하는 것은 없지만 정신에서는 변화가 일어난다. 또한 이와 같은 반복 속에서 우리는 A가 나타날 때 B가 나타날 것을 기대한다.

  이와 같은 기대 혹은 믿음이 형성되는 것은 연합의 원리가 상상력에 작용한 결과이다. 흄에 의하면 상상력은 본래 인식능력이 아니며 '관념의 다발'에 불과하고, '주어진 것'에 불과하다. 이러한 "동일성도 없고 법칙도 없는 운동이자 변화"[108]인 상상력은 연합의 원리에 의해 감응됨으로써 비로소 카오스에서 벗어나게 된다. 이러한 연합의 원리에의 수동적인 감응을 통해서 상상력은 고삐 풀린 말처럼 날뛰지 않고 어느 정도 규칙성을 띠게 된다. "상상력은 실로 인간

---

**108**   Gille Deleuze, *Empirisme et subjectivité*, Paris: PUF, 1953, p.93 (국역본: 질 들뢰즈, 『경험주의와 주체성』, 한정헌 · 정유경 옮김, 서울: 난장, 2012, 172쪽)

       들뢰즈의 이념적인 놀이

의 본성이지만 다른 원리가 그것을 항상 고정된 것으로 만든 한에서만 그러할 뿐이다".[109] 이런 의미에서 흄과 들뢰즈는 정신의 심리학은 불가능하지만 정신의 감응의 심리학은 가능하다고 말한다.

그리고 이러한 연합을 산출하는 것이 바로 '습관'이라는 하나의 원리이다. 물론 습관은 경험을 전제하지만 "경험과는 다른 원리"[110]이다. 그리고 경험과 습관은 공모해 상상력에 작용한다. 이와 같은 경험과 습관에 의해 AB, AB, AB… 와 같은 독립적인 순간들이 "서로의 안으로 수축"[111]한다. 앞에서 상상력으로서의 정신이 연합의 원리에 수동적일 수밖에 없으므로 이러한 수축이야말로 '시간의 수동적 종합'이라고 말할 수 있다. 들뢰즈는 "종합으로 나타나는 것은 습관"[112]이라고 말하고 있다.

그런데 이러한 습관의 수동적 종합에는 수준의 구별이 있다. 우리의 지각적 종합의 심층에는 유기체적 종합이 존재한다.

> "우리는 수축된 물, 흙, 빛, 공기이다. 우리는 그것들을 식별하거나 표상하기 전에, 심지어 그것들을 느끼기 전에 이미 수축된 물, 흙, 빛, 공기이다."[113]

---

**109** *Empirisme et subjectivité*, p.5 (국역본: 25쪽)

**110** *Empirisme et subjectivité*, p.63 (국역본: 121쪽)

**111** Gilles Deleuze, *Différence et répétition*, Paris: PUF, 1968, p.97 (국역본: 질 들뢰즈, 『차이와 반복』, 김상환 옮김, 서울: 민음사, 2011, 171쪽)

**112** *Empirisme et subjectivité*, p.104 (국역본: 188쪽)

**113** *Différence et répétition*, p.99 (국역본: 175쪽)

이러한 유기체적인 수동적 종합에서 과거는 세포의 유전이 되고 미래는 욕구, 즉 "기대의 유기체적 형식"[114]이 된다. 그리고 유기체적인 수동적 종합은 지각적인 수동적 종합과 조합되기도 한다. 어찌 되었든 각각의 수축, 각각의 수동적 종합은 하나의 기호를 구성하며, "이 기호는 능동적인 종합들 안에서 해석되거나 펼쳐진다".[115] 그리고 이러한 습관의 수동적 종합은 '응시'와 깊은 관련을 맺고 있다. "우리가 수축하게 되는 것은 응시를 통해서"[116]이다. 그리고 이러한 응시-수축은 작은 영혼으로서 애벌레 자아들을 구성한다.

> "심장, 근육, 신경, 세포 등에는 어떤 영혼이 있다고 해야 한다. 하지만 이 영혼은 응시하는 영혼이며, 이 영혼의 모든 역할은 습관을 수축하는 데 있다."[117]

그리고 '응시'는 그 자체로 이러한 애벌레-자아에게 쾌감을 주며, 이 응시에 의해 형성되는 쾌락에 의해 각각의 애벌레-자아는 나르키소스가 된다. 그리고 이러한 응시의 쾌락은 "일반성으로 설정된 차이"[118]를 훔쳐내는 데에 있다. 그리고 들뢰즈는 이러한 애벌레-자

---

**114**  *Différence et répétition*, p.100 (국역본: 176쪽)
**115**  *Différence et répétition*, p.100 (국역본: 176쪽)
**116**  *Différence et répétition*, p.101 (국역본: 178쪽)
**117**  *Différence et répétition*, p.101 (국역본: 178쪽)
**118**  *Différence et répétition*, p.101 (국역본: 177쪽)

아들을 설정하는 것이 "신비스러운 가설이 아니"[119]라고 말한다. 왜냐하면 각각의 심장, 근육, 신경, 세포는 자기의 특유한 습관을 가지고 있기 때문이다.

이와 같은 의미에서 큰 자아 아래에는 여러 작은 애벌레-자아들이 꿈틀거리며 응시-수축하고 있다. 그리고 "능동적 주체를 가능하게 하는 것은 이 작은 자아들이다".[120] 즉 응시와 수동적 종합이 능동적 주체에 선행한다. 즉 수동적 종합은 끊임없이 와해되는 대상의 반복과 능동적으로 재현된 반복 '사이'에 존재한다: "차이는 두 반복 사이에 있다".[121]

그리고 이러한 습관의 수동적 종합은 '살아 있는 현재'를 구성한다. 이러한 '살아 있는 현재'의 시간성 속에서는 과거와 미래가 현재에 의해 '구성'된다.

> "즉 선행하는 순간들이 수축을 통해 유지되는 한에서 과거는 현재에 속한다. 기대는 그런 똑같은 수축 안에서 성립하는 예상이므로 미래는 현재에 속한다."[122]

119 *Différence et répétition*, p.101 (국역본: 178쪽)
120 *Différence et répétition*, p.103 (국역본: 181쪽)
121 *Différence et répétition*, p.104 (국역본: 182쪽)
122 *Différence et répétition*, p.97 (국역본: 171쪽)

## 1.2 기억의 수동적 종합

그런데 이와 같은 습관의 수동적 종합은 불충분하다. 왜냐하면 과거와 미래가 '살아 있는 현재'에 의해 구성된다면 이 현재는 '지나가는 현재'인데, 이러한 '지나감'을 어떻게 설명할 것인지가 문제가 되기 때문이다. 만약 '지나가는 현재'가 현재인 동시에 과거가 아니라면 현재는 지나갈 수 없다. 또한 "과거는 먼저 한때 현재였던 '동시에' (과거로서)미리 구성되어 있지 않다면 결코 구성될 수 없다".[123]

이로부터 현재에 의한 과거의 구성에 이 현재에 의해 구성되지 않은 과거, 즉 순수과거가 선행한다는 사실을 알 수 있다. 이러한 a priori 한 과거로서 의식적으로 재현되지 않는 순수과거에 의해 이루어지는 종합이 바로 기억의 수동적 종합이다. **이렇게 '수동적'이라는 말이 붙는 것은 그것이 의식과 의식적 재현을 비켜 가 있기 때문이다.**

이러한 과거 자체, 본래적 과거, a priori한 순수과거는 모든 현재를 지나가게 만들지만 그 자체로는 "지나가지도 생겨나지도 않는다".[124] 말하자면 이러한 순수과거는 즉자적으로 자신을 보존하면서 '살아 있는 현재'에 전제된다는 점에서 '시간의 근거'라고 말할 수 있다. 말하자면 기억의 수동적 종합은 시간을 근거 짓는 종합이다.

---

**123**  *Différence et répétition*, p.111 (국역본: 193쪽)

**124**  *Différence et répétition*, p.111 (국역본: 194쪽)

흄이 습관의 수동적 종합을 설명하는 철학자라면 베르그송은 기억의 수동적 종합을 설명하는 철학자이다. 습관의 수동적 종합에서 서로 독립적인 순간이나 요소들이 수축되어 현재가 구성된다면, 베르그송의『물질과 기억』에서는 현재가 순수과거의 지극한 수축이 된다. 말하자면 현재는 원뿔 도식에서 밑의 꼭짓점이다. 뿐만 아니라 이 원뿔에서 각각의 수준은 순수과거가 수축한 정도에 대응한다. 이런 의미에서 순수과거는 "수축의 상이한 정도에서 자기 자신과 공존"[125]한다.

그런데 이렇게 순수과거가 의식적으로 재현될 수 없는 것이라면 우리는 어떻게 순수과거를 체험할 수 있는 것일까? 프루스트가『잃어버린 시간을 찾아서』에서 마들렌이라는 '기호'에 의해 촉발되는 콩브레라는 지역 전체에 대한 '비자발적 기억'에서 보여준 바와 같이 플라톤적 의미의 '상기'가 이에 대한 대답이 될 수 있다. 말하자면 콩브레는 "아득한 태고의 것"[126]으로 나타난다. 그런데 이 아득한 태고의 것의 출현은 재현이 아닌데, 왜냐하면 콩브레는 "결코 체험된 적이 없었던 어떤 광채 안에서 … 순수과거"[127]로 나타나기 때문이다. 이런 의미에서 기억의 수동적 종합은 "이데아"로서의 순수과거에 의한 종합이다.

그런데 기억의 수동적 종합조차도 물리적 시간 안에서 전개되는

---

**125**  *Différence et répétition*, p.112 (국역본: 196쪽)

**126**  *Différence et répétition*, p.115 (국역본: 201쪽)

**127**  *Différence et répétition*, p.115 (국역본: 200쪽)

한 운동의 주기적 순환에 종속된다.

> "상기는 도대체 어떤 형식을 통해 시간을 도입하는가? 모든 물음은 이 점으로 귀착된다. 심지어 영혼에 대해서도 어떤 물리적 시간이 문제가 된다. 주기적이거나 순환적인 퓌지스의 시간은 그 안에서 일어나는 사건들이나 그것이 측정하는 운동들에 종속되어 있으며, 자신에게 박자를 가져다주는 우여곡절들에 종속되어 있다."[128]

물론 순수과거는 이 퓌지스의 시간을 근거 짓지만, 그래서 현재들은 이 이데아로서의 순수과거를 통해 "시간의 원환 안으로 조직"[129]되지만, 이러한 이데아는 "자신이 근거 짓는 재현에 묶여 있다".[130] 이런 의미에서 이데아는 재현을 초월해 있고 재현을 지배하지만 동시에 여전히 이 재현에 구속되어 있다. 말하자면 재현의 근거는 재현의 원리들로서 동일성과 유사성을 극복하지 못한다. 즉자존재, 이데아로서 '아득한 태고의 원형'은 동일성의 원리에 속박되어 있으며 이러한 이데아를 수축한 현재의 이미지는 유사성의 원리에 속박되어 있다. 이런 의미에서 재현의 근거 지음은 재현으로부터 원리들을 빌려온다.

---

**128** *Différence et répétition*, p.118 (국역본: 206쪽~207쪽)
**129** *Différence et répétition*, p.119 (국역본: 207쪽)
**130** *Différence et répétition*, p.119 (국역본: 207쪽)

"근거는 … 자신이 근거 짓는 것에서 특성들을 빌려오며, 그 빌려온 특성들을 통해 자기 자신을 입증한다."[131]

## 1.3 영원회귀의 수동적 종합

　　이런 의미에서 기억의 수동적 종합 또한 불충분하다. 이 기억의 수동적 종합은 재현과의 상관관계를 벗어던지지 못하는 즉자 존재의 가상성을 폭로하는 시간의 세 번째 종합을 요청한다.

　이를 위해서는 운동과 그 주기에 종속된 물리적 시간이 아닌 순수한 형식으로서의 시간, 즉 가장 급진적인 변화를 낳는 불변의 형식으로서의 시간이 필요하다. 들뢰즈는 놀랍게도 철학사에서 이러한 시간을 발견한 사람이 바로 칸트라고 말한다. 칸트의 시간은 직관의 선천적 형식으로서, 사물의 운동주기에 의해 측정되는 시간을 넘어서 있다. 그리고 이러한 시간의 형식 속에서 '나'는 균열된다. 칸트는 『순수이성비판』에서 데카르트의 "나는 생각한다. 고로 나는 존재한다"라는 명제를 분석한다. 칸트에 의하면 나의 생각함은 나의 존재 자체를 규정할 수 없는데, 〈나의 존재〉는 생각되어질 수 있을 뿐 감성적 직관이 아니어서 "나의 생각함"으로서 오성적인 "통각의 종합적인 근원적 통일"[132]이 규정할 수 있는 것이 아니기 때문

---

**131**　*Différence et répétition*, p.119 (국역본: 207쪽)
**132**　임마누엘 칸트, 『순수이성비판』, 최재희 옮김, 서울: 박영사, 2021, 106쪽

이다. 말하자면,

> "단지 생각할 무렵의 「자기의식」에 있어서는 자기는 존재 자체
> 이되, 자기의식에 의해서는 이런 존재 자체를 사고하기 위한 것
> 이 주어져 있지 않음은 물론이다."[133]

　이러한 규정을 위해서는 "시간을 근저에 두어야 하는 〈자기 직
관〉이 필요하다".[134] 들뢰즈의 표현을 빌리자면, "규정되지 않은 실
존이 "나는 생각한다"에 의해 규정될 수 있는 형식, 그것은 시간의
형식이다".[135] 말하자면 나의 존재를 규정하기 위해서는 내감의 형
식으로서의 시간이 필요한 것이다. 규정되지 않은 나의 실존은 그
러므로 시간 안에서만 규정될 수 있다. 그런데 칸트에 의하면 "시
간은 수용적이요, 규정되는 자의 수용성에 속하고 있다".[136] 들뢰즈
는 이러한 의미에서 '시간 안에서 출현하는 … 수용적인 현상적 주
체'로서 수동적 자아가 존재한다고 말하고 있다. 말하자면 사유의
능동성의 상관자로서 수동적 자아가 존재하며, **나의 실존은 시간의
형식에 의해 구성되는 현상으로서만 규정되고 그 자체로서 규정될
수 없다.** 이 수동적 자아는 사유의 자발성과 능동성을 수동적으로
체험한다.

---

**133**　『순수이성비판』, 320쪽
**134**　『순수이성비판』, 107쪽
**135**　*Différence et répétition*, p.116 (국역본: 203쪽)
**136**　『순수이성비판』, 107쪽

> "이 수동적 주체는 능동성을 행사하기보다는 표상한다. 이 주체는 능동성을 창출한다기보다 그 능동성의 효과를 느끼며, 능동성을 자신 안의 타자로 체험한다."[137]

**실제로 칸트는 다음과 같이 쓰고 있다.**

> "나는 나의 현존을 능동적 존재로 규정할 수 없다. 나는 오직 나의 생각함의 자발성, 즉 규정의 자발성만을 표상할 따름이다. 이때 나의 현존은 항상 감성적임에 그친다. 즉 나의 현존은 〈현상의 현존〉으로 규정되는 것이다."[138]

이로써 시간의 형식에 의해 '나'는 균열된다. 말하자면 나의 사유는 자발적이지만 나의 존재는 수용적이고 감성적이며 현상적이라는 것이다. 이와 같이 '나'를 균열시키는 시간은 햄릿의 "The time is out of joint"의 시간성이다.

> "시간은 경첩이 빠져 있으며, 다른 것에 제약되어 있지 않다. 경첩이란 문을 여닫을 때 고정시키는 굴대이다. (경첩을 뜻하는) 라틴어 Cardo는 측정된 주기적 운동이 거쳐가는 기수적(**cardinal**) 점들에 대한 시간의 종속을 가리킨다. 시간이 자신의 경첩에 매

---

137  *Différence et répétition*, p.117 (국역본: 203쪽)
138  『순수이성비판』, 107쪽

> 달려 있는 한 시간은 운동에 종속된다. 이때 시간은 운동의 측
> 정, 즉 간격이나 숫자이다."[139]

이렇게 시간이 사물의 주기적 운동으로부터 풀려나게 되면, 시간
은 기수적이기를 그치고 서수적으로 된다. 그리고 이것은 '시간의
순수한 순서'를 나타낸다. 이런 측면에서 다음과 같은 서동욱의 주
장은 완전히 들뢰즈를 오독한 것이라고 볼 수 있다.

> "칸트는 시간을 서수적인 것이 아니라 균일적인 계기성, 즉 기
> 수성으로 이해하였는데, 이것은 들뢰즈의 칸트 수용에서 매우
> 큰 중요성을 지닌다."[140]

어찌 되었든 이러한 '시간의 순수한 순서'가 구성되는 것은 시
간의 순환을 파괴하는, 즉 시간이 각운을 띠지 않게 만드는 '휴지
(césure)'에 의해서이다. 그리고 이러한 휴지를 기점으로 과거와 미
래는 동등하지 않게 된다. 이와 같은 의미에서 시간의 순서는 "동등
하지 않은 것에 대해 일어나는 순수하게 형식적인 분배"[141]이다.
휴지의 등장은 뒤에서 자세하게 다룰 대문자 사건의 직접적 출현
이다. 우발점으로서의 대문자 사건은 여러 사건의 계열들을 돌아다

---

질 들뢰즈, 『칸트의 비판철학』, 서동욱 옮김, 서울: 민음사, 2006, 141쪽
**140** 『칸트의 비판철학』, 142쪽 각주 4
**141** *Différence et répétition*, p.120 (국역본: 209쪽)

 들뢰즈의 이념적인 놀이

니면서 계열들을 소통시킬 뿐만 아니라 기존의 계열적 질서를 찢고 다시 구성함으로써 사건들을 선험적인 장 속에서 재분배한다. 이러한 대문자 사건의 즉각적 현현으로서의 휴지는 시간의 집합과 계열을 규정한다. 휴지는 대문자 사건의 이미지, 즉 "시간 전체에 부합하는 단일하고 무시무시한 어떤 사건의 이미지"[142]로서 행위의 이미지 안에서 규정되어야 한다고 들뢰즈는 말한다. 이러한 대문자 사건의 직접적 이미지는, 우발점으로서의 대문자 사건 안에서는 모든 사건들이 소통하기 때문에, '시간의 직접적 이미지'라고 볼 수 있다.

이러한 시간의 직접적 이미지에 의해 '시간의 집합'이 형성된다. 그리고 이 시간의 집합은 휴지의 이전과 이후에 동등하게 배분되지 않으며, 과거-현재-미래의 "시간의 계열을 가능하게 한다".[143] 이러한 과거-현재-미래의 배분은 사건이 완료되었는지의 여부에 따라서, 즉 "경험적 기준에 따라서"[144] 이루어지는 것이 아니라고 들뢰즈는 말한다. 과거의 선험적 정의는 이 사건으로서의 행위가 '자아에게는 너무 벅찬' 것으로 여겨지는 시간이다. 선험적 현재는 '변신의 현재'로서 행위에 필적하게 되는 시간을 의미한다. 마지막으로 '미래를 발견하는 세 번째 시간'은 이러한 사건으로서의 행위가 '자아의 일관성을 배제하는 … 일관성'을 지님으로 인해 자아가 분열되는 시간을 의미한다.

---

**142**  *Différence et répétition*, p.120 (국역본: 209쪽~210쪽)
**143**  *Différence et répétition*, p.120 (국역본: 210쪽)
**144**  *Différence et répétition*, p.120 (국역본: 210쪽)

이와 같은 의미에서 "나의 고유한 일관성, 나의 고유한 동일성, 자아의 동일성, 세계의 동일성과 신의 동일성을 배제"[145]하는 사건으로서의 행위=작품의 일관성은 다른 모든 동일성과 일관성을 파괴하는 '차이의 반복'으로서의 영원회귀이다. 이런 의미에서 영원회귀는 계열상의 세 번째 시간으로서의 '미래'를 의미한다. 이러한 미래=영원회귀의 관점에서 과거는 대문자 사건을 결여하고 있는 '결핍으로서의 조건'이고 현재는 이 대문자 사건으로서의 행위에 필적하게 되는 행위자를 의미한다. 그런데 이러한 행위=작품은 '절대적으로 새로운 것'인데 왜냐하면 이 행위에 의해 나, 자아, 세계, 신, 조건, 행위자의 일관성과 동일성이 파괴되기 때문이다. 그리고 이런 의미에서 행위는 모든 것으로부터 자유로운 일관성을 가진다. 즉 행위=작품은 자율적이고 독립적이다. 이런 의미에서,

"영원회귀는 생산물의 자율성을, 작품의 독립성을 구성한다. … 영원회귀는 그 자체로서 이미 새로운 것, 전적인 새로움이다. 영원회귀는 그 자체만으로도 계열의 세 번째 시간이며, 그런 의미에서 본연의 미래이다."[146]

그리고 대문자 사건=행위의 일관성에 의해서 반복되는 '미래의 반복'에 의해 '과거의 반복'과 '현재의 반복'은 종속적 지위에 놓인

---

**145**  *Différence et répétition*, p.122 (국역본: 213쪽)
**146**  *Différence et répétition*, p.122 (국역본: 212쪽)

다. **그리고 이러한 영원회귀는 시간의 순서, 집합, 계열을 구성한다**
**는 점에서 '시간의 종합'을 이룬다.** 그뿐만 아니라 행위에 의해 행위
자의 일관성과 동일성이 파괴된다는 점에서, 게다가 행위의 행위자
에 대한 자율성과 독립성이 성립한다는 점에서 이러한 종합은 능동
적 종합이 아니라 수동적 종합이다.

반복의 철학의 프로그램은 미래의 반복의 관점에서 습관의 반복
과 기억의 반복을 미래의 반복에 도달하기 위한 '단계들로만 이용'
한다. 즉,

> "반복을 어떤 차이를 '훔쳐낼' 대상으로 삼거나 가변적 차이를
> 포괄하는 것으로 만드는 대신, '절대적으로 차이나는 것'의 사유
> 와 생산으로 만들기."[147]

그러므로 이러한 반복 철학의 프로그램의 도달점은 반복의 대자
존재와 차이의 즉자 존재의 동일성이다.

---

**147** *Différence et répétition*, p.126 (국역본: 217쪽)

## 1.4 정신분석의 관점에서 본 습관의 수동적 종합

프로이트에 의하면 우리가 외상적 자극, 즉 자극의 방어막을 뚫을 정도로 강력하여 우리에게 과도한 에너지의 난입을 겪게 하는 자극을 극복하기 위해서는 이러한 에너지가 고정되고 묶여야 한다.

> "정신기관을 덮친 자극의 홍수를 더는 제지할 수 없다. 그보다는 자극을 극복하고 밀려드는 다량의 자극을 정신적으로 묶어서 처리해야 하는 과제가 발생한다."[148]

에너지의 '묶음'은 에너지의 자유로운 흐름을 고정시키고 정지시킨다는 것을 뜻한다. 그런데 인간이 쾌락을 느끼는 것은 이러한 자극이나 흥분, 에너지를 방출할 때이다.

> "생물심리학적 삶은 어떤 개체화의 장을 함축한다. 이 장 안에서 강도의 차이들은 자극이나 흥분들의 형식을 취하는 가운데 여기저기 분배된다. 이 차이의 해소 과정, 질적인 동시에 양적인 해소 과정은 쾌락이라 불린다."[149]

---

**148**  지그문트 프로이트, 『쾌락원리 너머』, 김인순 옮김, 서울: 부북스, 2013, 47쪽

**149**  *Différence et répétition*, p.128 (국역본: 220쪽)

쾌락이 하나의 '원리'나 '원칙'이 되기 위해서 에너지는 아무 때나 방출되어서는 안 되고, 자유로운 에너지들은 체계적으로 해소되어야 하며, 그러기 위해서는 이러한 에너지가 묶여 있어야 한다. 말하자면 쾌락의 원리적 가치는 이러한 에너지로서의 리비도의 집중을 통해서 획득되는데, 이러한 '묶기'로서의 에너지 집중은 즉각적인 쾌락을 우회하여 쾌락을 지연시키는 방식이다. 이것은 하나의 역설이다.

또한 이러한 '묶음'이 원리로서의 쾌락을 가능하게 한다는 점에서 이러한 에너지의 묶기는 쾌락원칙의 조건을 의미하고, 따라서 "쾌락원칙을 넘어서"[150] 있다고 들뢰즈는 말한다.

또한 위 인용문에서 강도적 장으로서의 개체화의 장은 프로이트의 용어로 말하자면 '이드'이다. '묶음'으로서의 '수축'은 이드 안에서 애벌레—자아를 형성한다. 즉 "각각의 묶기가 일어나는 수준마다 어떤 하나의 자아가 이드 안에서 형성된다".[151] 그리고 이러한 수축 혹은 묶기가 작동하는 것은 습관에 의해서이기에 습관은 쾌락원칙을 넘어서 존재하며 수축을 통해서 형성되는 애벌레—자아에 의해 '살아 있는 현재'의 시간이 구성된다. 그리고 앞에서 이러한 수축은 응시와 관련된다고 말했고 각각의 애벌레 자아는 이러한 '응시'에 의해 나르시시즘에 빠지게 된다. 그리고 이러한 애벌레—자아는 자신이 '응시'하는 것에서 자기 자신의 이미지를 형성하고 "자기 자신

---

150  *Différence et répétition*, p.128 (국역본: 221쪽)
151  *Différence et répétition*, p.129 (국역본: 222쪽)

을 스스로 산출하거나 '훔쳐낸다'".[152]

　그리고 이러한 응시-수축-묶기는 쾌락을 원칙의 수준까지 끌어
올리고 이러한 응시-수축-묶기가 습관의 수동적 종합이므로 "원
리의 자격을 쾌락에 부여하는 것"[153]은 습관(아비투스)이며, "이드의
조직화, 그것은 바로 습관의 조작화이다".[154]

　이러한 수동적 종합의 토대 위에서 능동적 종합이 수립된다. 즉
흥분의 묶음을 하나의 정립된 대상에 관계시키는 것이다. 이러한
정립된 대상이란 실체적인 것으로서 "끈의 지지대 역할"[155]을 한다.
이러한 대상은 현실적인 대상이며 "행위들의 종착점으로 정립된 대
상"[156]이다.

　이런 의미에서 능동적 종합을 성립시키는 것은 '현실검사'이다.
이러한 현실검사는 자아의 능동성을 촉발한다. 즉 큰 자아는 국소
적 통합으로서의 수용적인, 응시-수축하는 애벌레 자아를 회집하
는 총괄적 통합을 진행시킨다. 이를 통해 자아와 이드가 구별되며
큰 자아는 현실원칙에 따라 "능동적으로 행위"[157]할 뿐만 아니라 자
신을 능동적으로 통합한다.

　이와 같은 의미에서 능동적 종합을 통해 묶인 흥분들이 행위들의
종착점으로서의 현실적 대상과 관계를 맺는다.

---

**152**　*Différence et répétition*, p.129 (국역본: 222쪽)
**153**　*Différence et répétition*, p.129 (국역본: 223쪽)
**154**　*Différence et répétition*, p.129 (국역본: 223쪽)
**155**　*Différence et répétition*, p.131 (국역본: 226쪽)
**156**　*Différence et répétition*, p.131 (국역본: 225쪽)
**157**　*Différence et répétition*, p.131 (국역본: 225쪽)

## 1.5 정신분석의 관점에서 본 기억의 수동적 종합

그런데 이러한 능동적 종합은 보다 심화된 수동적 종합이 존재하지 않는다면 존립할 수 없다. 이러한 심화된 수동적 종합이 바로 기억의 수동적 종합이고 이 기억의 수동적 종합의 상관항이 바로 잠재적인 대상이다.

예를 들어 걸음마를 시작한 어린아이를 보자. 이 어린아이의 묶인 흥분들은 도달점으로서 엄마라는 현실적 대상들과 관계한다. 이러한 현실적 대상에 의한 '현실검사'에 의해서 아이는 "자신의 성공과 실패를 가늠"[158]한다. 그런데 이러한 "능동적으로 합류해야 할 종착점"[159]을 설정함과 동시에, 아이는 현실적 대상과는 다른 대상으로서 '잠재적 대상'을 구성해 낸다. 그리고 현실에서의 아이의 성공과 실패는 "이 잠재적 대상에 의해 규제당하거나 보상을 받는다".[160] 예를 들어 아이는 손가락을 빠는 행위를 하는데, 이 손가락은 잠재적인 엄마의 관점에서 상황 전반을 평가하는 데에 있어서 '초점'이자 잠재적 대상의 역할을 한다.

> "아이가 그렇게 손가락을 빠는 것은 단지 수동적 종합을 심화
> 하는 가운데 응시해야 할 어떤 잠재적 대상을 제공하기 위한 행

---

**158** *Différence et répétition*, p.132 (국역본: 227쪽)
**159** *Différence et répétition*, p.132 (국역본: 227쪽)
**160** *Différence et répétition*, p.132 (국역본: 227쪽)

아이는 이와 같은 의미에서 두 개의 계열들, 즉 현실적인 대상들의 계열과 잠재적인 대상들의 계열을 구성한다. 그리고 자아는 현실적 대상들의 원환과 잠재적 대상들의 원환이 마주치는 곳에, 즉 "8자형의 교차점"[162]에 위치한다고 들뢰즈는 말한다.

이러한 두 계열의 상이성은 자기보존 충동과 성적 충동의 상이성에 대응한다. 자기보존 충동들은 현실원칙이나 현실적 대상들과의 관계를 통해서 작동하지만 성적 충동은 '잠재적 초점들의 구성'과 심화된 수동적 종합으로서의 기억의 수동적 종합을 통해서 작동한다. 이렇게 서로 다른 충동의 지배를 받는다는 점에서 현실적 대상들의 계열과 잠재적 대상들의 계열에는 본성상의 차이가 존재한다. 그런데 이러한 본성상의 차이 때문에 오히려 두 계열이 "상호 차용하고 양육하는 관계"[163]를 맺게 된다. 잠재적 대상은 현실적 대상들의 계열로부터 절취되는 동시에 이러한 현실적 대상들의 계열에 '편입'되어 있다.

그런데 잠재적 대상과 현실적 대상은 어떤 의미에서 서로 본성상 차이가 나는 것일까? 현실적 대상이 능동적 종합에 의해 구성되어 동일성을 가지고 있는 반면에 잠재적 대상은 '자신의 고유한 동일성

---

**161**  *Différence et répétition*, p.132 (국역본: 227쪽)

**162**  *Différence et répétition*, p.133 (국역본: 229쪽)

**163**  *Différence et répétition*, p.133 (국역본: 229쪽)

을 결여'하고 있다는 점에서 현실적 대상과 잠재적 대상은 서로 본
성상 차이가 난다.

> "잠재적 대상은 그 기원뿐 아니라 자신의 고유한 본성에서 조
> 각이고 파편이며 허물이다. 잠재적 대상은 자신의 고유한 동일
> 성을 결여하고 있다. 좋은 엄마와 나쁜 엄마. 또는 … 근엄한 아
> 빠와 같이 놀아주는 아빠는 두 개의 부분대상이 아니라 같은 대
> 상이다. 다만 하나의 같은 대상이 자신의 분신 안에서 동일성을
> 잃어버린 것뿐이다. 능동적 종합은 수동적 종합을 넘어서 … 자
> 기 동일적 대상들의 정립을 향해 나아간다."[164]

들뢰즈에 따르면 잠재적 대상들은 현실적 대상들 안에 편입되어
있고 합체되어 있지만 "잠재적 대상이 합체되어 있는 현실이 무엇
이든, 잠재적 대상은 그 현실 안으로 통합되지 않는다".[165] 차라리
잠재적 대상은 현실적 대상에 박혀 있다.

그리고 이러한 잠재적 대상은 순수과거의 한 조각인데, 왜냐하면
이 잠재적 대상은 오직 상실되고 부재하는 것으로만 존재하며, 현
재적인 현실적 대상을 넘어서는 "대상=x"[166]이기 때문이다. 들뢰즈
는 라캉의 팔루스가 이러한 잠재적 대상의 특성을 가장 잘 보여준

---

164  *Différence et répétition*, p.133~134 (국역본: 230쪽)
165  *Différence et répétition*, p.134 (국역본: 231쪽)
166  *Différence et répétition*, p.136 (국역본: 235쪽)

다고 말한다. 왜냐하면 라캉의 팔루스는 상실된 것, "자기 자신의 고유한 부재를 증언"[167]하는 것으로서만 존재할 수 있기 때문이다. 말하자면,

> "상징적인 팔루스는 성욕의 아득한 태고 못지 않게 순수과거의 에로스적 양태를 의미한다. 상징은 언제나 자리를 바꾼 단편이며, 결코 현재인 적이 없었던 어떤 과거, 곧 대상=x에 대해 타당한 가치를 지닌다."[168]

이렇게 잠재적인 대상이 순수과거의 조각이라는 것은 사라진 현재와 현행적 현재만을 문제 삼는 프로이트 정신분석학을 극복하는 길을 마련한다. 프로이트의 '트라우마'나 '원초적 장면'의 개념은 사라진 현재의 현행적 현재에의 영향을 전제하고 있다.

이런 의미에서 프로이트에 있어서 사라진 현재는 "반복되어야 할 사태를 제공"하며 동시에 반복의 조건으로서 기능한다. 이런 의미에서 프로이트에 있어서 사라진 현재는 반복보다 존재론적으로 선행하고 "반복과는 독립적"이며 이후의 모든 반복은 이 사라진 현재에 대한 "같음의 반복"[169]이다. 이것은 물질적이고 헐벗은 반복이며 '자동성'에 의해 작동하는 김빠진 반복이다. 이러한 물질적인 '같음의

---

**167** *Différence et répétition*, p.136 (국역본: 235쪽)
**168** *Différence et répétition*, p.136 (국역본: 235쪽)
**169** *Différence et répétition*, p.136 (국역본: 236쪽)

반복'의 모델과는 달리 정신은 '차이의 반복'으로서 '위장'에 의해 혼란을 겪는다. 그리고 이러한 혼란을 막기 위해 '억압'이 이루어진다.

즉 프로이트에서는 억압에 의해 반복강박과 '위장'이 성립하지만, 들뢰즈에 있어서는 위장과 반복에 의해 억압이 성립하는 것이다.

> "억압하기 때문에 반복하는 것이 아니라 오히려 반복하기 때문에 억압하는 것이다. 마찬가지로 억압하기 때문에 위장하는 것이 아니라 오히려 위장하기 때문에 억압하는 것이고, ..."[170]

그리고 이러한 '위장'은 잠재적 대상들의 '전치', 즉 자리 옮김에 의해서 이루어진다. 그리고 사라진 현재와 현행적 현재는 '순수과거의 파편'으로서 잠재적 대상과 관련되는 두 개의 계열을 형성한다. 이 잠재적 대상은 이 두 계열 안에서 자리를 바꾸며(전치하며) 순환한다. 그리고 잠재적 대상의 전치에 의해 현실적인 두 계열 안에서 "항들의 형태변화들과 상상적 관계들의 양태변화들"[171]이 발생된다. 이런 의미에서 '전치'에 의해 '위장'이 발생한다. 이런 의미에서 무의식은 두 종류의 가면 놀이를 하는데, 하나는 현실적 계열들의 항과 관계들에 미치는 상상적 효과로서 위장이고 다른 하나는 보다 심층적인 가면으로서 잠재적인 대상에 본질적으로 영향을 미치는 전치이다.

---

**170** *Différence et répétition*, p.139 (국역본: 239쪽)

**171** *Différence et répétition*, p.138 (국역본: 239쪽)

그리고 이러한 '차이의 메커니즘들'로서 전치와 위장은 '부정'을 함축하는 대립과 갈등에 선행한다.

> "무의식의 현상들은 대립이나 갈등과 같이 지나치게 단순한 형식을 통해서는 포착될 수 없다. 프로이트에게서 갈등 모델의 우위를 엿볼 수 있는데. 이 모델은 단지 억압이론을 통해서만 조장되는 것이 아니라 충동 이론 안에서 꿈틀대는 이원론을 통해서도 강화되고 있다. 하지만 그 갈등들은 훨씬 더 미묘한 차이의 메커니즘들(전치와 위장들)의 결과물이다."[172]

잠재적 대상들의 끊임없는 전치는 잠재적 대상을 "궁극적이거나 원초적인 항"으로 간주할 수 없게 만든다. 왜냐하면 끊임없는 전치를 겪는 잠재적 대상들에는 "고정된 장소와 동일성"을 부여할 수 없기 때문이다.[173] 또한 이러한 전치와 순환은 사라진 현재와 현행적 현재의 두 계열에 대해서 어떤 것이 파생적인 것이고 어떤 것이 원초적인 것인지 구분하는 일을 무의미하게 한다.

---

**172** *Différence et répétition*, p.140 (국역본: 242쪽)

**173** *Différence et répétition*, p.139 (국역본: 240쪽)

## 1.6 정신분석의 관점에서 본
## 영원회귀의 수동적 종합과 주사위 놀이

그런데 리비도가 대상에서 역류하여 자아로 회귀할 때, 어떤 일이 발생할까? 이 자아는 그 자체가 현실적 대상이자 잠재적 대상이 되어 한편으로는 영원히 전치되는 것으로, 다른 한편으로는 영원히 위장되는 것으로 자신을 체험한다. 이러한 전치와 위장에 의해 자아의 '양태변화'가 초래된다. 이러한 자아는 이 양태변화를 수동적으로만 체험하며 이 체험의 배후에는 시간의 형식에 따라 균열된 '나'가 있다. 이 균열된 나는 "초자아의 기저"[174]일 뿐 아니라 수동적 자아의 상관항이다. 이러한 수동적 자아는 리비도의 역류에 의해 나르시시즘에 빠지게 된다. 이러한 나르키소스적 자아는 영원히 자신을 전치되고 위장되는 것으로 체험하기에 시간의 형식에 맞는 "시간적인 내용을 구성하지 못한다".[175] 이런 의미에서,

> "나르키소스적 리비도를 통해, 자아로 향하는 리비도의 역류를 통해 모든 내용이 사상되는 것이다. 나르키소스적 리비도를 통해 모든 내용이 사상(捨象)되는 것이다. 나르키소스적 자아는 차라리 텅 빈 시간의 형식에 상응하되 이 형식을 채우지 못하는

---

**174** *Différence et répétition*, p.146 (국역본: 250쪽)
**175** *Différence et répétition*, p.146 (국역본: 250쪽)

현상이며, 이 형식 일반의 공간적 현상이다."[176]

앞에서 시간의 집합은 대문자 사건으로서의 '행위'의 이미지를 통해 회집함을 보았다. 이 행위는 초자아에 의해 금지되는 행위이자 동시에 예고되는 행위로서 행위=x이다.

리비도의 자아로의 역류는 리비도가 탈성화될 때, 즉 중성적 에너지로서 타나토스에 봉사할 수 있는 에너지로 변환될 때에 가능하다. 따라서 나르시시즘과 죽음본능은 깊은 관련이 있다. 이렇게 대상-리비도를 철회하는 순간 기억내용이 상실되며, 이러한 기억의 상실을 통해 시간은 "원환적 형태를 상실하는 가운데 가차 없는 직선적인 형식을 취한다".[177]

그리고 시간의 형식은 죽음본능과 동일한 것이다. 여기서 죽음본능은 프로이트적 의미의 죽음본능과는 다르다. 프로이트의 죽음본능은 유기체가 무기적인 물질의 상태로 되돌아가는 것으로서의 "김빠지고 헐벗은 반복"[178]과 동일시되지만, 들뢰즈의 죽음본능은 모든 경험적 물질로부터 독립된 선천적인 형식으로서의 시간인 것이다.

이러한 시간의 형식이 죽음본능인 이유는 시간의 형식이 영원회귀의 선별적 시험을 통해 시간의 형식 속에서 〈끊임없이 변화하면서도 일관성을 유지하는 것〉으로서 극단적 형상들을 제외한 모든

**176** *Différence et répétition*, p.146 (국역본: 250쪽~251쪽)
**177** *Différence et répétition*, p.150 (국역본: 257쪽)
**178** *Différence et répétition*, p.147 (국역본: 253쪽)

것을 끊임없이 죽이기 때문이다. 이런 의미에서 "'나의 죽음'보다 훨씬 더 심층적인 '아무개의 죽음'이 상존"한다.[179] '나의 죽음'으로서의 인칭적인 죽음과는 달리 '아무개의 죽음'은 익명적이고 비인칭적이다. 이런 의미에서 들뢰즈는 비인칭적인 죽음이 바로 영원회귀라고 말한다. 들뢰즈는 직접적으로 "이 죽음의 다른 얼굴에 해당하는 것은 영원회귀"라고 말하고 있다.[180]

이러한 무의식의 세 번째 종합, 즉 영원회귀와 죽음본능의 수동적 종합을 통해 시간의 모든 차원이 재조직된다.

> "세 번째 종합을 통해 시간의 모든 차원들이 재조직화된다. 왜냐하면 과거는 … 결핍에 의한 조건에 해당하고 그런 자격에서 이드 쪽으로 밀려나기 때문이며, 이와 동시에 현재는 이상적 자아 안에서 일어나는 행위자의 변신에 의해 정의되기 때문이다."[181]

그리고 이러한 '미래'는 조건과 행위자 모두를 파괴하는 시간이다. 즉 초자아에 의해 이드와 자아가 파괴된다. 들뢰즈는 분명 〈영원회귀의 선별적 시험〉이 이러한 영원회귀와 죽음본능의 동일성을 이해하는 데에 있어서 핵심적 역할을 하고 있다는 것을 다음과 같

---

**179** *Différence et répétition*, p.149 (국역본: 256쪽)
**180** *Différence et répétition*, p.151 (국역본: 259쪽)
**181** *Différence et répétition*, p.151 (국역본: 259쪽)

이 보여준다.

> "이 영원회귀는 모든 것을 돌아오게 하는 것이 아니다. 영원회귀는 오히려 조건의 결핍과 행위자의 동등성을 벗어던진 세계에 변용을 가져오고, 마침내는 오로지 과도하고 비동등한 것, 끝낼 수 없고 끊임없이 이어지는 것, 가장 극단적인 형식성의 산물인 비형식만을 긍정하기에 이른다."[182]

'과도하고 비동등한 것, 끝낼 수 없고 끊임없이 이어지는 것, 가장 극단적인 형식성의 산물인 비형식'이 바로 영원회귀의 시험을 통과하는 극단적 형상이다. 들뢰즈는 『차이와 반복』의 제1장 〈차이 그 자체〉에서 다음과 같이 쓰고 있다.

> "가장 심층적인 본성상의 차이는 평균적 형상과 극단적 형상들 … 사이에서 성립한다. 참된 선별의 운영은 영원회귀의 소관이다. 왜냐하면 그것은 평균적 형상들을 오히려 배제하고 "존재하는 모든 것의 우월한 형상"을 끄집어내기 때문이다. 극단성은 상반적인 것들의 동일성이 아니다. 그것은 오히려 차이남의 일의성일 뿐이다. 우월한 형상은 무한한 형상이 아니다. 그것은 오히려 영원회귀 자체의 비형상, 변신과 변형들을 거쳐가는 영원한 비형상일 뿐이다. 영원회귀는 차이를 '만든다'. 왜냐하면 우

---

**182** *Différence et répétition*, p.151 (국역본: 259쪽~260쪽)

월하고 월등한 형식을 창조하기 때문이다. … 영원회귀의 시험
을 견뎌내지 못하는 모든 것, 이런 것들은 모두 부정되어야 한
다."[183]

그런데 이러한 '부정'은 차이와 생성, 우연의 긍정의 귀결이다. 말
하자면 영원회귀는 '긍정하는 역량'이다. 영원회귀 안의 반복은 우
선 행위자를 배제한다. 말하자면 "개념에 동등하게-되기나 유사하
게-되기를 배제한다".[184] 또한 이러한 되기의 배후에 있는 결핍에
의한 조건도 배제한다. 그런데 이러한 배제는 우연 혹은 우발적 사
건에 대한 절대적 긍정에서 비롯되는 부정이다.

이제 『차이와 반복』에서의 영원회귀론에서 '주사위 놀이'라는 개
념이 등장한다. 인간은 놀 줄 모르는데, 왜냐하면 주사위 놀이 속에
서 우연을 절대적으로 긍정하지 못하고 "어떤 이득의 가설 아래 같
은 사태가 복귀하도록 만들기 위해"[185] 노력한다. 이렇게 우연을 절
대적으로 긍정하지 못하기에 이 놀이에서는 이길 수도 있고 질 수
도 있다. 그리고 이 놀이에서는 승리와 패배를 분할하는 규칙이 "미
리 확립된 특성"[186]을 가진다.

반면 이러한 '졸렬한 놀이' 대신에 '신적인 놀이'에서는 놀이자는
미리 정해진 규칙이 없기에 그리고 우연을 절대적으로 긍정하기에

183  *Différence et répétition*, p.77 (국역본: 141쪽~142쪽)
184  *Différence et répétition*, p.152 (국역본: 260쪽)
185  *Différence et répétition*, p.152 (국역본: 261쪽)
186  *Différence et répétition*, p.152 (국역본: 261쪽)

"항상 이길 수밖에 없다".[187] 이렇게 모든 우연이 긍정된다는 것은
'가능한 모든 조합'을 긍정한다는 것을 의미한다.

**187** *Différence et répétition*, p.152 (국역본: 261쪽)

들뢰즈의 이념적인 놀이

# 『의미의 논리』에서의 영원회귀론

## 2.1 사건과 진리

순수사건 혹은 이념적 사건은 곧 특이성이나 "특이성들의 집합"[188]을 의미한다. 이러한 특이성들은 전개체적이고 비인칭적이며 비개념적이다. 이러한 순수사건은 이념적이다. 즉 순수사건은 그것이 구체적으로 현실화된 '사고'와 달리 잠재적이다. 그리고 이러한 잠재적인 것으로서의 순수사건은 영원한 진리를 담고 있다. 이러한 사건의 이념성을 통해 들뢰즈는 "사건을 본질과 혼동하는 모든 독단적 생각"[189]과 사건을 그것의 시공간적 현실화로써 사고(accident)와 동일시하는 경험주의적 생각을 극복하려고 한다.

순수사건에 영원한 진리가 있다면 그것은 '문제'의 진리성을 의미

---

[188] Gilles deleuze, *Logique du sens*, Paris: Minuit, 1969, p.67 (국역본: 질 들뢰즈, 『의미의 논리』, 이정우 옮김, 파주: 한길사, 2015, 121쪽)

[189] *Logique du sens*, p.69 (국역본: 124쪽)

한다. 왜냐하면 "사건의 양상은 문제적"[190]이기 때문이다. 그리고 이러한 문제로서의 진리는 순수사건이 전개체적이고 비인칭적이기에 개체와 인칭을 넘어서 있으며 따라서 개체와 인칭에 맺힌 원한을 극복하게 한다. 조 부스케는 이러한 의미에서 원한을 완전히 극복했다. 그는 다음과 같이 쓰고 있다.

> "내 상처는 나 이전에 존재했으며 나는 그것을 구현하려고 태어났다."[191]

들뢰즈는 부스케가 자신의 몸에 깊이 새겨진 상처를 "영원한 진리에서의 순수사건"[192]으로 이해했다고 말한다. 그렇기에 부스케는 "사건에 대한 원한"을 극복했다. 더 나아가 부스케는 사건을 원하고 의지했다고 들뢰즈는 말한다. 사건을 원한다는 것은 체념이나 인내가 아니라 사고 속에서 신호를 보내는 영원한 진리로서의 순수사건을 이끌어 내는 것이다. 이러한 순수사건은 반복되며, 매번 '차이 나게' 반복된다. 따라서 구체적이고 현실적인 사건으로서의 전쟁과 순수사건으로서의 전쟁은 다르며, 구체적이고 현실적인 사건으로서의 상처와 모든 순수사건으로서의 상처는 다르다. 따라서 "전쟁이 전쟁에 대립하는 지점"[193], 상처가 상처에 대립하는 지점이 존재

---

**190**  *Logique du sens*, p.69 (국역본: 125쪽)
**191**  *Logique du sens*, p.174 (국역본: 259쪽)
**192**  *Logique du sens*, p.174 (국역본: 259쪽)
**193**  *Logique du sens*, p.175 (국역본: 260쪽)

들뢰즈의 이념적인 놀이

한다. 이러한 대립을 통해 원한이 파괴된다. 이와 같이 순수사건이 개체화되거나 인칭화된 현실적 사건을 파괴하는 것은 정적 발생[194]의 효과이다.

이런 의미에서 영원회귀하는 순수사건은 개체나 인칭의 동일성을 파괴하고 완전히 변형한다. 이러한 변형을 통해 우리는 "사건의 아들"이 되며 "다시 태어나"게 된다.[195]

우리가 이러한 순수사건에 도달할 수 있는 것은 사건이 "순수 표현된 것"으로서 우리에게 신호를 보낸다. 왜냐하면 순수사건 안에는 "불행을 말려버리는, … 사건을 그 정점 … 에서 효과화되게 만드는 빛남과 파열"[196]이 존재하며 이러한 "사건의 파열, 빛남"[197]은 곧 의미이다.

들뢰즈는 이렇게 현실적인 사고(事故) 속에서의 파열과 빛남을 통해 순수사건에 도달하는 것을 역효과화(contre-effectuation)이라고 부른다. 들뢰즈는 이러한 역효과화가 "유머"[198]를 통해서도 가능하다고 말한다.

---

**194** Ⅵ. 선험적인 장 中 3절 〈존재론적 정적 발생〉 참조

**195** *Logique du sens*, p.175 (국역본: 261쪽)

**196** *Logique du sens*, p.175 (국역본: 261쪽)

**197** *Logique du sens*, p.175 (국역본: 261쪽)

**198** 일본의 들뢰즈 연구자 지바 마사야에 의하면 들뢰즈의 '아이러니'는 끊임없이 근거를 깊이 파고드는 것, 혹은 상승을 통해 '위에서 내려다보는 시선으로' 전체를 조감하는 것을 의미하고, 들뢰즈의 '유머'는 표면에서 유목하는 것, 즉 끊임없는 화제 전환과 방향 상실을 향유하는 것을 의미한다(지바 마사야, 『공부의 철학』, 박제이 옮김, 서울: 책세상, 2018, 65쪽~125쪽). 선(禪) 불교에서 화두나 선문답을 해결하는 것이 어떤 특정한 것에 대한 집착으로부터 벗어나는 것임을 생각할 때 화두나 선문답 또한 일종의 '유머'임을 알 수 있다. 이런 의미에서 선(禪)과 유목주의는 '유머'의 개념을 통해 소통할 수 있다.

> "유머는 선별하는 힘과 분리되지 않는다. 유머는 일어나는 것
> 에서 순수사건을 식별한다. 예컨대 먹는 것에서 말하는 것을 선
> 별하는 것이다."[199]

　이러한 유머의 기법은 스토아 학파에서 많이 사용되었다. 스토아
적 현자는 표면에 머무르며 '순수사건'을 찾는다. 즉 "영원한 진리
안에 있는, 즉 사물의 상태 내에서의 그 시공간적 효과화에 독립적
으로 … 포착된 순수사건들"[200]을 찾는다. 또한 동양에서 유머의 기
법은 선(禪)불교에서 많이 사용되었다. 예를 들면 화두, 선문답, 공
안들이 있다. 이러한 '유머'는 기호 작용과 지시 작용이 불충분함을
보여준다. 그리고 스토아적 현자나 선사들은 표면에서 대상-사건
들을 발견하며, 이러한 사건들은 공(空) 안에서 그리고 아이온 안에
서 소통한다. 말하자면 공은 대문자 사건으로서의 우발점이다. 즉,

> "공은 오직 그 장소만을 가진 곳에서, 그 고유한 무의미로 구
> 성된 의미 또는 사건의 장소이다. 공은 그 자체 역설적 요소, 표
> 면의 무의미, 언제나 자리옮기는 … 우발점이다."[201]

　즉 선사들은 사고들을 순수사건으로 역효과화하며 더 나아가 대

---

**199** *Logique du sens*, p.177 (국역본: 263쪽)
**200** *Logique du sens*, p.161 (국역본: 241쪽)
**201** *Logique du sens*, p.162 (국역본: 243쪽)

문자 사건에 도달한다. 여기서 더 나아가 스토아적 현자는 스스로를 이 준원인으로서의 대문자 사건과 동일시한다.

> "그는 표면에, 이 표면을 가로지르는 직선 위에, 이 선분을 긋거나 주파하는 우발점에 자리잡는다."[202]

그런데 개체가 어떻게 이러한 대문자 사건에 도달할 수 있는가? 앞에서 우리는 '순수사건의 아들'이 됨으로써 원한을 극복하여 영원한 진리를 얻게 된다고 말했다. 여기서 조 부스케는 더 나아가 이러한 순수사건과 자신을 동일시해야 한다고 말한다. 부스케는 다음과 같이 쓴다.

> "내가 사건들을 나의 것으로 만들기 전에, 모든 것은 내 삶의 사건들 안에 자리잡고 있다. 그리고 사건들을 산다는 것은 … 나를 그들과 동일시하려고 하는 것이다."[203]

이와 같이 개체가 사건과 동일시 된다. 그리고 한 개체가 자신을 하나의 순수사건과 동일시하고, 자신에게 효과화되는 모든 사건들을 각각의 개체로 여길 뿐만 아니라 모든 개체들을 사건과 동일시

---

**202** *Logique du sens*, p.171 (국역본: 256쪽)
**203** *Logique du sens*, p.174 (국역본: 260쪽)

하게 된다면 "다른 사건들에 함축된 모든 다른 개체들을 통과"[204]함으로써 이러한 개체는 "특이성들의 응축을 위한 하나의 거울"[205]이 될 수 있을 것이고 자기 자신을 유일한 대문자 사건과 동일한 존재로 고양시킨다. 즉 나는 우주적인 사건과 동일시되며, 우주적인 자유를 갖게 된다. 이렇게 우주적인 존재가 되므로 사건과 나를 동일시하는 것은 "요컨대 세계 시민이 되는 것"[206]의 시작이다.

이 세계 시민이 되는 것은 자유로운 인간이 되는 것과 동일하다. 스토아적 현자나 선사들과 같이 자유로운 인간은 "사건 자체를 포착"할 뿐만 아니라 사건의 "역효과화"[207]를 조직하기 때문이다. 따라서 자유로운 인간은 우발점에, 대문자 사건에 도달한다. 마치 선사들이 준원인으로서 우발점에 도달하듯이 말이다. 그리고 순수사건의 영원한 진리에 의해 개별적인 폭력과 억압이 파기되듯이 이러한 우발점의 진리는 모든 폭력과 억압을 파기한다. "모든 폭력들과 억압들은 하나의 유일한 사건 안에 모이며 이 사건은 … 모든 것들을 파기한다".[208]

**204** *Logique du sens*, p.209 (국역본: 302쪽)
**205** *Logique du sens*, p.209 (국역본: 301쪽)
**206** *Logique du sens*, p.174 (국역본: 260쪽)
**207** *Logique du sens*, p.179 (국역본: 265쪽)
**208** *Logique du sens*, p.179 (국역본: 266쪽)

들뢰즈의 이념적인 놀이

## 2.2 아이온과 영원회귀

크로노스의 관점에서는 현재만이 실존하지만, 아이온의 시간은 현재를 과거와 미래로 무한히 분할하는, 이런 의미에서 "오로지 과거와 미래만이 … 내속하거나 존속"[209]하는 시간이다.

그런데 한편으로 아이온에서 이렇게 현재를 과거와 미래로 분할하는 것은 '두께도 없고 넓이도 없는 순간'이다. 이런 의미에서 크로노스를 극복하는 것, 즉 "실존하는 현재를 전복시키는 것은 … 순간이다".[210]

그런데 크로노스도 생성을 한다. 심지어 들뢰즈는 미칠 듯한 생성을 하는 크로노스가 있다고 한다. 그렇다면 이러한 크로노스의 미칠 듯한 생성과 아이온의 차이는 무엇일까? 크로노스는 '지금'의 힘을 통해 미칠 듯한 생성의 현재를 '척도의 얌전한 현재'와 대립시키는 반면, 아이온은 '순간'의 잠재력을 통해 표면이 현재를 비켜 가도록 만든다. 또한 크로노스는 물질들의 운동주기에 의해 측정된다는 점에서 원환적인 반면, 아이온은 물질로부터 독립한 시간의 순수 형식이다. 즉 아이온의 시간은 『차이와 반복』에서 보았던 세 번째 반복에서의 시간, 즉 영원회귀의 시간이다.

---

209 *Logique du sens*, p.192 (국역본: 283쪽)
210 *Logique du sens*, p.193 (국역본: 283쪽)

> "아이온은 시간의 영원한 진리이다: 시간의 공허한 순수 형식,
> 현재의 물체적인 내용으로부터 해방된 것으로서, 원환을 펼침을
> 통해 직선을 따라 늘어난다."[211]

 또한 들뢰즈는 이러한 아이온의 다른 중요한 역할을 발견한다. 아이온은 표면효과로서 사건들의 터이며 그렇기에 "사물들과 명제들 사이에 경계선을 긋는다".[212][213] 이러한 아이온에 의해 그어지는 경계선은 '순간'에 의해 주파되며 이 선분 위에서 '순간'은 끊임없이 움직이는, 그래서 그 자리를 갖지 않는 역설적 심급이자 우발점이다. 이러한 '순간'은 표면의 무의미이자 준원인일 뿐만 아니라 "추상화의 순수 계기"[214]이다. '순간'은 현재로부터 특이성들을 추상해 낸다. 이러한 특이성들은 한편으로는 미래로, 다른 한편으로는 과거로 투사된다. 이때 미래의 방향에 있어서 언어는 끊임없이 다시 태어나지만, 이미 말해진 언어 또한 영원회귀하는 순수사건으로서의 특이성에 관한 것인 하에서 이 사건의 효과화로서 미래에 "나타나고 사라지는 사태들에 관련"[215]된다.

 전개체적이고 비인칭적인 특이성들은 세계들, 개체들, 인칭들 내에 갇힘을 통해 효과화되기도 하지만, 기존의 세계들, 개체들, 인칭

---

**211** *Logique du sens*, p.194 (국역본: 284쪽)
**212** *Logique du sens*, p.194 (국역본: 285쪽)
**213** 이것은 이 장의 마지막에서 증명된다.
**214** *Logique du sens*, p.195 (국역본: 285쪽)
**215** *Logique du sens*, p.195 (국역본: 286쪽)

들을 "뒤흔들고, 이들을 가공하고 용해시키는 바닥의 심층에 보내는 무엇을 함축"한다.[216] 들뢰즈는 이런 의미에서 크로노스의 두 현재, 즉 척도를 지닌 현재와 전복적인, 미칠 듯한 생성의 현재가 있을 뿐만 아니라 아이온의 현재, 즉 '순간을 표상하는' 현재가 존재한다고 말한다. 이 제3의 현재는 척도 있는 효과화를 전복하는 현재 속으로 떨어지지 못하게 하고 '전복과 뒤섞이지 못하도록' 함으로써 척도 있는 효과화를 가능하게 한다. 이런 의미에서 "크로노스의 두 현재 … 사이에, 세 번째의 현재가 존재한다".[217] 이러한 아이온의 현재는 '역효과화'의 현재로서 전복의 현재로부터 효과화의 현재를 보존한다. 그리고 이러한 '효과화'의 보존이 존재하지 않는다면 언어와 사물 사이의 경계선은 무너지고 언어와 사물은 구별되지 않을 것이다. 이런 의미에서 아이온이 언어와 사물의 경계선을 긋는 것이다.

---

**216**  *Logique du sens*, p.196 (국역본: 287쪽)
**217**  *Logique du sens*, p.196 (국역본: 287쪽)

# III

# 존재의
# 일의성

# 1.

# 둔스 스코투스와 존재의 일의성

들뢰즈에 의하면 진정한 의미의 존재론적 명제는 단 하나밖에 없었다. 그것은 "존재는 일의적이다"라는 명제이다. 이러한 존재의 일의성을 최초로 주장한 것은 둔스 스코투스이다. 둔스 스코투스에 의하면 존재의 개념은 "존재자의 궁극적 추상 수준에 머무는"[218] 개념으로서 무규정적이고 무제약적이며 신과 피조물, 실체와 우유 등에 대해서 무차별적이다.

뿐만 아니라 둔스 스코투스에 의하면 존재는 유한자와 무한자로 분화되고 유한자는 아리스토텔레스가 말한 열 개의 범주로 나뉜다. 그리고 '유한한 존재'는 이 열 개의 범주에 공통적이다. 또한 "존재"라는 개념에 속하는(pertains to) 것은 유(genus)로 규정되지 않고 오

---

**218** 김중호, 「성 토마스 아퀴나스와 둔스 스코투스의 형이상학 비교: 존재자의 구성원리를 중심으로」, 카톨릭대학교 석사 논문, 2001, 53쪽

히려 이 규정들에 선행하며 따라서 존재의 개념에 속하는 술어들은 유의 바깥에 있는 선험적인(transcendental) 것이다. 둔스 스코투스는 이와 같은 〈존재〉에 속하는 선험적인 술어들이 '존재'가 그러한 것처럼 무차별적이라고 말한다. 즉,

> "신과 피조물에 공통적인 모든 술어들(predicates)은 존재가 유한과 무한에 대해 무차별적인 것처럼 신과 피조물에 무차별적이다."[219]

그런데 둔스 스코투스는 이렇게 유의 '바깥'에 있는 선험적인 것들은 최고의(supreme) 유가 될 수 없을 뿐 아니라 그것을 넘어서는 유에 귀속될 수 없고, 이런 의미에서 선험적인 것의 정확한 개념이 이렇게 '어떤 유에도 귀속되지 않는 것'으로 규정되어야 한다고 말한다. 이런 의미에서 '존재'를 제외한 어떠한 술어도 그 위에 가지지 않는 것이 선험적인 것의 정확한 개념에 속한다고 둔스 스코투스는 말한다.

이뿐만 아니라 피터 킹(Peter King)에 의하면 존재는 그 본질에 있어서(in quid) 궁극적인 종차[220]나 우유들을 일의적으로 서술하지 못하지만 그 한정에 있어서(in quale) 이것들을 일의적으로 서술한다.

'본질에 있어서(in quid)'와 '한정에 있어서(in quale)'의 차이는 다음

---

**219** Duns Scotus, trans. Alan Wolter, O.F.M. *Philosophical Writings*, Indianapolis: Hackett Publishing Company, 1987, p.2

**220** 궁극적인 종차(ultimate differentia)란 그 자신이 종차를 가지지 않는 종차를 말한다.

과 같다. 본질에 있어서 서술한다는 것은 "전체적 본질(즉, 종)이나 최소한 본질의 확정 가능한 부분(ex. 유)"[221]을 서술한다는 것을, 한정에 있어서 서술한다는 것은 본질적인 한정(ex. 종차)이나 비본질적인 한정(ex. 우유)을 서술한다는 것을 의미한다.

이것을 문법적 관점에서 보면 본질에 있어서 서술한다는 것은 '실체', '합리성', '이성적 동물'과 같은 명사로서 서술한다는 것을 의미한다. 또한 문법적 관점에서 한정에 있어서 서술한다는 것은 '실체적인', '합리적인'과 같은 수식어로서 서술한다는 것을 의미한다.

'존재(ens)'는 명사인 동시에 분사이기도 하다. 존재가 "본질에 있어서 서술"한다는 것은 존재가 그 자체로 명사이므로 수식받는 피수식어가 존재하지 않아도 되지만, 존재가 "한정에 있어서 서술"한다는 것은 존재가 수식어이므로 피수식어가 반드시 필요하다는 것을 의미한다.[222]

둔스 스코투스에 있어서 존재의 개념은 유한과 무한, 개별자와 보편자, 완전한 것과 불완전한 것, 창조된 것과 창조되지 않은 것에 무차별적이다. 말하자면 존재의 개념은 중성적이다. 들뢰즈는 둔스 스코투스에게 있어서 일의적 존재는 중립적이고 중성적이라고 말하고 있다.

둔스 스코투스에 있어서 '형상적 구별'의 개념도 중요한데, 이 형상적 구별은 수적으로 동일한 한 사물의 다른 두 '형상'이 존재할 때

---

**221** *Philosophical Writings*, p.165
**222** *Philosophical Writings*, p.166

존재한다. 김중호는 다음과 같이 쓴다.

> "이 구별은 위에서 말한 대로 사물과 사물 간의 구별이 아니
> 며, … 사물 자체의 상이한 관점들 사이의 구별인 것이다. 왜냐하
> 면 사물 자체는 하나이지만 여러 형상들로 이루어져 있는 까닭
> 이다."[223]

이러한 형상적 구별은 사실은 실재적 구별이라고 들뢰즈는 말한
다. 왜냐하면 상이한 형상들은 하나가 다른 하나 없이도 생각될 수
있기 때문이다. 그렇지만 이러한 구별은 수적 구별이 아닌데, 왜냐
하면 형상적 구별은 "구별되지만 동일한 주어에 속하는 무엇임에
대한 포착과 연관"[224]되기 때문이다. 이러한 형상적 구별의 개념이
중요한 이유는 형상적 구별은 실재적이지만 수적이지 않은 구별이
기 때문이다. 즉 형상적 구별은 질적인 구별이지만 존재론적인 구
별이 아니다.

---

**223** 「성 토마스 아퀴나스와 둔스 스코투스의 형이상학 비교: 존재자의 구성원리를 중심으로」, 49쪽

**224** Gilles Deleuze, *Spinoza et le problème de l'expression*, Paris: Minuit, 1969, p.54 (국역본: 질 들뢰즈, 『스피노자와 표현 문제』, 현영종·권순모 옮김, 서울: 그린비, 2019, 68쪽)

# 2.

# 스피노자와 존재의 일의성

스피노자는 둔스 스코투스에게서 이러한 '형상적 구별'과 '존재의 일의성'을 받아들여서 완전히 혁신한다.

속성들은 실체와 양태에 대해 일의적이다. 즉 "속성들은 … 신, 그리고 … 양태들 혹은 피조물들에게 공통적인 형상들이다".[225] 이 속성들은 단순히 실체에 귀속되는 것이 아니라 본질을 실체에 귀속시키는 것으로서 "참된 동사들"[226]이다. 이런 의미에서 속성들은 역동적이다. 또한 속성들은 '양태들 속에 자신을 표현'한다. 이런 의미에서 실체와 양태는 속성들에 의해 구성된다.

스피노자는 속성들 간의 '차이'로서 형상적 구별을 실재적 구별과 동일시하고 있다. 스피노자의 이러한 '형상적 구별'='실재적 구별'의

---

225 *Spinoza et la problème de l'expression*, p.39 (국역본: 48쪽)
226 *Spinoza et la problème de l'expression*, p.37 (국역본: 45쪽)

설정은 "실체의 통일성과 속성들의 복수성에 대한 절대적으로 정합적인 개념을 제공한다".[227] 속성들은 말하자면 존재론적으로는 하나이지만 형상적으로는 다수이다. 이런 의미에서 속성들은 존재를 분할하지 않지 않으며 따라서 유와 종의 질서에서 벗어나 있다.

> "속성들 간의 형상적 구별에는 어떠한 존재의 분할도 대응하지 않는다. 실체는 하나의 유가 아니며 속성들은 종차들이 아니다."[228]

속성들의 구별이 실재적 구별이고 수적 구별이 아니라는 것은 이러한 속성들의 구별이 존재의 분할이 아니라는 것을 뜻한다. 그리고 형상적 구별이 실재적 구별과 동일하기에[229] "실재적 구별은 수적이지 않다". 즉 실재적 구별은 존재를 분할하지 않는다. 또한 양태적 구별은 수적 구별이지만 실재적 구별이 아니기에 존재를 분할하지 못한다. 오직 수적인 동시에 실재적인 구별만이 존재를 분할할 수 있다. 그리고 스피노자에 의하면 구별은 실재적 구별과 양태적 구별 이외에는 존재하지 않는다. 이로써 스피노자에 있어서 존재는 분할되지 않는다. 이렇게 되면 존재는 일의적인데 왜냐하면 존재가 다의적이라면 어떤 경우에서든 존재는 분할될 수밖에 없기

---

227 *Spinoza et la problème de l'expression*, p.57 (국역본: 71쪽)
228 *Spinoza et la problème de l'expression*, p.56 (국역본: 71쪽)
229 *Spinoza et la problème de l'expression*, p.57 (국역본: 71쪽)

때문이다. 그리고 속성들은 서로 동등하다. 이와 같은 속성의 동등성이 성립하는 것은, 실체가 무제한적이라면 실체의 모든 존재 형상들로서의 속성들은 무한하게 완전해야 하기 때문이다. 이런 의미에서 일의적 존재는 모든 속성들 속에서 동등하게 표현된다. 일본의 들뢰즈 연구자 에가와 다카오는 다음과 같이 쓰고 있다.

> "서로 형상적으로만 구별되는 속성들. 거기서의 형상적 구별은 … 전적으로 실재적 구별이 된 구별이라고 들뢰즈는 말한다. 즉 어떠한 수적 구별도 허용하지 않고, 또한 유일하고 동일한 '존재'를 분할하지 않되 그 본질을 형상적으로 완전히 다른 방식으로, 그러나 동등하게(=일의적으로) 표현하는 속성들 사이에 정립되는 구별, 그것이 '실재적 구별'이기 때문이다."[230]

이러한 일의성의 미분할은 들뢰즈가 말하는 일의성의 분배로서의 '유목적인 분배'를 통해 설명된다. 두 가지 유형의 분배가 있다. 하나는 정주적인 분배로서 로고스의 분배이며 다른 하나는 유목적인 분배로서 노모스의 분배이다. 로고스의 분배에서는 각 존재자마다 '사유지'와 같은 몫이 할당되어 있다. 이러한 몫의 할당 원리가 바로 양식과 공통감이다. 그리고 "이 원리들 자체는 공평하게 분배된 것으로 천명된다".[231] 이것은 존재론적 맥락에서는 '존재'를 각 존재자

---

**230** 에가와 다카오, 『존재와 차이: 들뢰즈의 선험적 경험론』, 이규원 옮김, 서울: 그린비, 2019, 179쪽~180쪽

**231** *Différence et répétition*, p.54 (국역본: 103쪽)

에게 비례적으로(유비적으로) 배분하는 것이 된다. 이런 의미에서 '존재'는 '재산'이 된다. 그리고 이러한 구도 속에서 존재론의 문제는 전체 존재를 '분할'하는 것이 된다.

　반면 이와 전혀 다른 분배로서 유목적인 분배, 노모스의 분배가 있다. 이것은 열리고 제한되지 않은 비분할된 공간 안에 존재자들 자신을 분배하는 것이다. 존재론적 맥락에서는 이것은 일의적 존재 안에서 존재자들을 분산시키는 것이다. 이것은 "놀이의 공간"[232]을 형성한다. 이와 같이 공간을 채우고 공간에 자기 자신을 배당하는 것은 공간을 할당하는 것과는 현저하게 차이가 난다. 이 일의적 존재의 공간에서는 "그 누구에게도 무엇 하나 돌아오거나 귀속하지 않는다".[233] 이렇게 어떤 것에도 귀속되지 않고 사유재산이나 사유지에 매여 있지 않는다는 점에서 이러한 분배는 "방황의 분배"[234]라고 볼 수 있다.

　　　"이런 할당은 단순한 현전성을 띤 일의성(일자로서의 전체) 안에서 이루어진다. 이런 분배는 신적이라기보다는 차라리 악마적이다. 왜냐하면 장벽이나 울타리를 뛰어넘으면서 소유지를 어지럽히듯, 신들의 행위 영역들 사이의 간격 안에서 움직인다는 것은 악마들의 특성이기 때문이다. … "어떤 악마가 가장 멀리 이르는

---

**232**　*Différence et répétition*, p.54 (국역본: 104쪽)
**233**　*Différence et répétition*, p.54 (국역본: 104쪽)
**234**　*Différence et répétition*, p.54 (국역본: 104쪽)

도약보다 더 힘차게 도약했는가?" 여기서 도약이 말하는 것은 어떤 전복적인 혼란이다. 그것은 유목적 분배들이 재현의 정착적 구조들 안으로 끌어들이는 엄청난 혼란을 말하고 있다."[235]

이와 같은 '유목적인 분배'는 스피노자에 있어서 일의적 존재는 모든 존재자에게 동등하게 표현되는 긍정적인 것임을 보여준다.

"스피노자에 이르러 일의적 존재는 더 이상 중립성을 띠지 않는다. 다만 표현성을 띠게 된다. 일의적 존재는 표현적이고 긍정적인 진정한 명제가 된다."[236]

---

235    *Différence et répétition*, p.54~55 (국역본: 104쪽~105쪽)
236    *Différence et répétition*, p.59 (국역본: 112쪽)

**3.**

# 니체와 존재의 일의성

들뢰즈는 그럼에도 불구하고 '존재'가 전통 형이상학의 '실체'나 '이데아'와 같은 영원한 우월적 지위를 차지하지 않기 위해서는 존재는 생성을 통해, 동일성은 차이를 통해, 일자는 다자를 통해 언명한다는 것, 즉 생성/차이/다자가 존재/동일성/일자에 선행한다는 것이 받아들여져야 한다고 말한다. 그리고 니체의 영원회귀는 이런 의미에서 '존재의 일의성'이론을 온전하게 만든다. 영원회귀를 통해서 일의적 존재가 긍정될 뿐만 아니라 존재의 일의성은 실제로 실현된다.

> "영원회귀는 존재의 일의성이며 그런 일의성의 실제적 실현이다. 영원회귀 안에서 일의적 존재는 단지 사유되고 긍정되기만 하는 것이 아니라 실제적으로 실현된다. 존재는 단 하나의 같은

> 의미에서 언명된다. 하지만 이 의미는 영원회귀의 의미이다. 그
> 것은 존재를 언명하고 있는 것의 회귀나 반복에 해당하는 영원
> 회귀의 의미이다. 영원회귀의 바퀴는 차이에서 출발하여 반복을
> 산출하는 동시에 반복에서 출발하여 차이를 선별한다."[237]

　니체의 영원회귀는 '차이의 반복'을 의미한다. 들뢰즈는 '회귀', 즉
돌아옴은 생성 자체의 존재이자 유일한 동일성으로서 "이차적인 역
량에 해당하는 동일성, 차이의 동일성"[238]이라고 말한다. 그리고 영
원회귀의 선별적 시험을 통과하는 것은 '극단적 형상'으로서 '괴물',
즉 '과잉성'에 의해 자기 자신을 극복하는 어떤 것이다. 즉 "다른 것
으로 이행하면서 동일한 것으로 생성하는 것"[239]으로서 극단적 형
상만이 영원회귀한다.

　그리고 이러한 영원회귀는 "모든 변신들에 대해 공통의 존재를
표현"[240]한다. 즉 모든 극단적인 형상은 공통의 존재 속에서 소통한
다. 이와 같이 끊임없이 변신함과 동시에 공통의 존재를 표현한다
는 점에서 "초인은 '존재하는' 모든 것의 우월하고 월등한 형식에 의
해 정의된다".[241] 즉 초인은 적극적 생성을 긍정하면서 동시에 '생성
의 존재'를 긍정한다. 니체가 '고귀함'을 곧 '긍정'이라고 말하는 것

**237** *Différence et répétition*, p.60~61 (국역본: 114쪽)
**238** *Différence et répétition*, p.59 (국역본: 113쪽)
**239** *Différence et répétition*, p.60 (국역본: 113쪽)
**240** *Différence et répétition*, p.60 (국역본: 113쪽)
**241** *Différence et répétition*, p.60 (국역본: 114쪽)

은 이런 맥락에서이다.

> "니체가 고귀하다고 부르는 것을 간파할 줄 알아야 한다. 그는
> 에너지 물리학자의 언어를 빌려, 자신을 스스로 변형할 수 있는
> 에너지를 고귀하다고 부르고 있다. 니체는 휘브리스가 모든 헤
> 라클레이토스주의자들의 진정한 문제라고 말한다. 이때 그는 언
> 제나 똑같은 사태를 가리키고 있다. 즉 존재하는 모든 것은 휘브
> 리스 안에서 자신을 되돌아오게 만드는 존재를 발견한다."[242]

이런 의미에서 니체는 '왕관을 쓴 아나키'의 상태를 긍정한다. '아
나키'가 왕국을 다스린다는 말은 존재의 일의성에서 일차적인 것은
생성, 그것도 자기를 극복하는 적극적 생성이라는 것을 의미한다.
"이 위계는 동일자를 차이 나는 것에 종속시키면서 처음 시작되고,
이로써 차이의 확실한 선별을 보장한다".[243]
존재의 일의성은 "왕관을 쓴 무정부 상태"[244]로서의 유목적인 분
배이다. 이러한 왕관을 쓴 무정부 상태에서는 이데아와 같은 하나
의 절대적 원리와의 가깝고 먼 정도에 의해 존재자들을 측정하지
않고 각 존재자들의 힘의 상대적 실현 정도에 따라서 위계가 정해
진다. 문제는 절대적인 "역량 … 의 정도"[245]에 있는 것이 아니다.

---

**242** *Différence et répétition*, p.60 (국역본: 114쪽)
**243** *Différence et répétition*, p.60 (국역본: 114쪽)
**244** *Différence et répétition*, p.55 (국역본: 106쪽)
**245** *Différence et répétition*, p.55 (국역본: 105쪽)

즉 한 존재가 자신의 한계를 뛰어넘어서 자기를 극복하는지가 관건인 것이다. 이런 의미에서 한계와 경계는 존재자를 제한 짓는 부정성이 아니라 존재자가 다른 존재자로 거듭날 수 있게 만드는 일종의 '문턱'이다: "한계, 경계가 가리키는 것은 … 사물이 자신을 펼치고 자신의 모든 역량을 펼쳐가기 시작하는 출발점이다".[246]

---

**246** *Différence et répétition*, p.55 (국역본: 105쪽)

**4.**

# 바디우의 비판과 이에 대한 응답

　　이렇게 들뢰즈는 둔스 스코투스, 스피노자, 니체를 경유하여 자신의 '존재의 일의성'의 철학을 수립한다. 그런데 바디우는 『들뢰즈―존재의 함성』에서 이러한 들뢰즈의 존재의 일의성 개념을 비판한다. 바디우는 물론 "존재론적인 분할의 모든 고정성이 결과적으로 일의성의 파괴를 불러온다는 점"[247]을 잘 이해하고 있다. 또한 "들뢰즈가 보기에 … 존재의 의미를 분할하는 일을 … 절대적으로 금해야만 한다"[248]라고 바디우는 쓴다.

　바디우에 의하면 그럼에도 불구하고 들뢰즈의 철학은 능동적인 것과 수동적인 것, 혹은 능산적 자연과 소산적 자연을 구분하고 있지 않은지 질문한다. 그런데 이것은 바디우가 들뢰즈의 스피노자

---

**247**　알랭 바디우, 『들뢰즈―존재의 함성』, 박정태 옮김, 서울: 이학사, 2001, 87쪽

**248**　『들뢰즈―존재의 함성』, 88쪽~89쪽

해석을 온전히 이해하지 못했다는 것을 보여준다.

들뢰즈는 스피노자의 '내재성'이 '유출'의 철학과 대립한다고 말한다. 전통적인 '유출'의 철학에서는 '유출인은 자기 안에 머물러 있지만, 생산된 결과는 유출인 안에 있지 않고 유출인 안에 머물지 않는다'. 그러나 스피노자적 의미의 '내재인'은 결과 자체가 원인에 내재함을 뜻한다. 이러한 내재성의 관점에서 보면 존재의 일의성은 보존된다. 즉 "원인 속에서 자기 안에 머물러 있는 존재와 다른 것 안에 있는 것처럼 원인 안에 그 결과가 머물러 있는 존재는 동일한 존재다".[249]

플로티누스의 '유출'의 철학에서 일자와 일자의 생산물은 공통점이 없다. 일자로서의 유출인은 결과보다 우월하고 "그가 결과에게 증여하는 것보다도 우월하다".[250] 이 일자는 모든 것에게 존재를 증여한다. 따라서 일자는 존재보다 우월하다. 그리고 이러한 우월성에 근거하여 '위계화된 우주'가 구성된다.

> "거기서 존재들의 차이는 일반적으로 위계적 차이로 간주된다. 각 항은 그것보다 앞서 있는 우월한 항의 이미지와 같으며, 그것과 제1원인 혹은 제1원리를 분리시키는 거리의 정도에 의해 정의된다."[251]

---

**249** *Spinoza et la problème de l'expression*, p.156 (국역본: 208쪽)
**250** *Spinoza et la problème de l'expression*, p.156 (국역본: 209쪽)
**251** *Spinoza et la problème de l'expression*, p.157 (국역본: 209쪽)

반면 스피노자의 내재성의 철학은 "존재의 동등성 원리 혹은 동등한-존재라는 입론을 요청한다".[252] 이뿐만 아니라 존재는 모든 존재자 안에 직접적이고 동등하게 현전한다. 이런 의미에서 내재성은 "생산자와 생산물, 원인과 결과에 공통적인 적극적 형상들로 구성되는 일의적 존재를 요청한다".[253]

이러한 원인과 결과의 공통적 존재는 원인과 결과의 본질에 있어서의 차이를 지우는 것이 아니다. 물론 원인은 본질에 있어 결과보다 우월하지만, 이러한 우월함의 인식조차도 "본질들의 구별들이 존속하게 되는 형상적 공통성에서 출발"[254]해야 한다고 들뢰즈는 쓴다. 이러한 공통적인 형상을 들뢰즈는 '속성'이라고 부른다. 이런 의미에서 바디우의 용법을 따라 실체를 '능동적인 것', 양태를 '수동적인 것'으로 본다면 실체와 양태는 공통적인 속성을, 더 나아가서 공통적인 존재를 공유한다. 따라서 능동적인 것과 수동적인 것을 가로질러 존재는 동일한 의미를 가진다.

바디우는 '일의적 존재는 능동적이지도 않고, 수동적이지도 않다. 그것은 중성적이다'라는 들뢰즈의 진술을 마치 이원론의 늪에서 헤어나오기 위한 '발악'인 것처럼 말하지만, 들뢰즈의 위 진술은 말 그대로 능동적인 것과 수동적인 것을 가로질러 존재는 동일한 의미를 가지며, 비록 이 일의적 존재는 능동/수동에 대하여 중성적이지만,

---

**252**  *Spinoza et la problème de l'expression*, p.157 (국역본: 209쪽)

**253**  *Spinoza et la problème de l'expression*, p.157 (국역본: 210쪽)

**254**  *Spinoza et la problème de l'expression*, p.157 (국역본: 210쪽)

긍정적인 것이라는 뜻을 담고 있다. 실제로 고쿠분 고이치로에 따르면 능동태/수동태의 이분법을 벗어나는 '중동태'가 긍정적으로 존재하며, 들뢰즈의 "인칭도 시제도 태도 없는"[255] 부정법 형태의 동사 예찬은 바로 이러한 중동태를 예찬하는 것이라고 말한다. 이와 같이 능동/수동에 대하여 중성적이지만 긍정적인 것이 존재한다. 따라서 바디우의 비판은 무효화된다.

---

**255** 고쿠분 고이치로, 『중동태의 세계』, 박성관 옮김, 서울: 동아시아, 2019, 269쪽

들뢰즈의 이념적인 놀이

# IV

# 이념과
# 물음

# 1.

# 칸트의 이념론

칸트에 의하면 오성의 개념들은 반드시 직관의 대상과 상관하에서만 존재할 수 있다. 이것은 오성의 개념들이 가능한 경험의 한계 안에서만 존재할 수 있다는 것을 의미한다. 반면 순수이성은 가능한 경험의 한계를 넘어선 '이념'을 통해서 오성에만 직접적으로 관여하며, "그것이 비록 대상과 상관한다 하더라도, 대상과 그것의 직관에 직접 관여하지 않는다".[256]

오성이 규칙들을 통해 직관에 의해 주어진 다양을 통일시키는 능력이라면, 이성은 이러한 오성의 규칙들을 "원리들 아래로 통일"[257]하는 능력이다. 특히 순수이성의 원리 또는 원칙은 종합적인데, 왜냐하면 "제약된 것은 분석적으로 그것의 제약에 관계하지마는, 무

---

**256** 『순수이성비판』, 242쪽
**257** 『순수이성비판』, 239쪽

들뢰즈의 이념적인 놀이

제약자에는 관계하지 않기 때문이다".[258] 이념이 바로 이러한 무제약자이다.

그리고 무제약자로서의 선험적 이념은 "〈제약들의 전체성〉을 표상"[259]한다. 더 나아가 칸트는 제약들의 전체성으로서의 이념만을 다룬다. 이런 의미에서 칸트가 『순수이성비판』에서 다루는 이념은 "생각하는 주관의 절대적(무제약적) 통일"로서의 '영혼', "현상 제약들의 계열들의 절대적 통일"로서의 '세계', "사고일반의 모든 대상들의 제약"으로서의 '신'이다.[260] 그리고 '영혼'은 정언판단과, '세계'는 가언판단과, '신'은 선언판단과 대응된다.

전통 형이상학은 이와 같은 선험적 이념들의 존재를 증명할 수 있다고 믿어왔다. 칸트는 그런데 이와 같은 궤변이 '인간의 궤변이 아니라 순수이성의 자신의 궤변'이기에 순수이성을 가진 존재로서는 그로부터 완전히 해방될 수는 없는 것이라고 말한다.[261] 이와 같은 이념들에 대한 궤변적 추리는 1) 영혼에 대한 〈순수이성의 오류추리〉 2) '세계'에 대한 〈순수이성의 이율배반〉 3) '신'에 대한 〈순수이성의 이상〉이 있다.

또한 이성의 이념은 『판단력 비판』에서의 숭고 분석에서도 중요한 역할을 차지한다. 숭고는 "무형 혹은 기형(광대함 혹은 강력함)"[262]의

---

**258** 『순수이성비판』, 242쪽

**259** 『칸트의 비판철학』, 42쪽

**260** 『순수이성비판』, 259쪽

**261** 『순수이성비판』, 263쪽

**262** 『칸트의 비판철학』, 92쪽

그 무엇과 마주쳤을 때 체험되는데, 상상력은 여기서 자신의 한계를 발견하며, 이렇게 한계를 느끼는 것은 감성적 자연의 총체성이라는 '이념' 때문이다. 이와 같이 이성은 상상력을 그 한계에 이르도록 부추기며 폭력을 가한다. 즉 이성과 상상력은 투쟁하는 것이다. 그런데 이와 같이 이성 이념에 도달할 수 없는 상상력은 그러나 이 '도달할 수 없음'을 통해 이념을 "소극적으로 현시"[263]한다. 이렇게 이념이 소극적으로라도 현시되므로 이성과 상상력은 일치에 도달하지만 이러한 일치는 "불일치 속에서 발생한 것이다".[264] 이런 의미에서 이것은 '불일치의 일치'라고 말할 수 있다. 그리고 다른 능력들에서도 마찬가지로 〈이념의 소극적 현시〉에 의해 〈불일치의 일치〉가 발생하게 된다.

이러한 능력들 사이의 예정조화로서의 일치가 아닌 필연적인 '발생적 일치'는 선험적 공통감각을 넘어서 철학을 신학적 목적론으로부터 구원한다. 즉 더 이상 공통감각으로서의 능력들의 일치는 "그 원천을 더 이상 문제 삼을 수 없는 선험적 사실의 일종"[265]이 아니다. 이렇게 능력들의 일치를 '발생'시키는 공통적인 '이념'들의 배후에는 역설감(para-sense)이 자리하고 있다. 들뢰즈는 『차이와 반복』에서 다음과 같이 쓰고 있다.

**263** 『칸트의 비판철학』, 94쪽
**264** 『칸트의 비판철학』, 94쪽
**265** 『칸트의 비판철학』, 50쪽

"칸트는 숭고 속에서 상상력과 사유가 이루어내는 관계의 경우를 통해 역사상 처음으로 이런 부조화에 의한 조화의 사례를 제시했다. 그러므로 하나의 인식능력에서 다른 하나의 인식능력으로 소통되는 어떤 것이 있다. 하지만 이것은 소통되면서 변신하되 결코 어떤 공통감각을 형성하지는 않는다. … 이념들은 어떤 양식이나 공통감각을 매체로 하지 않는다. 그렇기는커녕 이념들의 배후에는 어떤 역설감이 자리하고 있고, 이 역설감은 탈구된 인식능력들 간의 유일한 소통을 규정한다."[266]

들뢰즈는 이러한 칸트의 이론을 다음과 같이 변형한다.

먼저 사유하도록 강요하는 사태가 존재한다. 이러한 우발적인 마주침의 대상은 '기호'이고 이 기호를 통해 경험적 차원의 감성으로는 감각 불가능한 '강도'가 현시된다. 이러한 '강도'는 경험적 차원의 감성을 넘어선 '순수한 즉자적 차이'이다. 그리고 이러한 경험적 차원의 감성은 다른 인식능력이 파악 가능한 것만 파악하고 "그것이 어떤 공통감 안에서 관계하는 대상은 여전히 여타의 인식능력들에 의해서도 포착되어야 한다".[267] 그런데 '강도'는 다른 인식능력이 아닌 오직 감성에만 작용한다.

"이것은 감성적인 것 안의 질적 대립이 아니라 그 자체로 차이

---

266   *Différence et répétition*, p.190 (국역본: 324~325쪽)
**267**   *Différence et répétition*, p.182 (국역본: 312쪽)

> 인 어떤 요소이고, … 이 요소는 오로지 곧 강도이고, … 이 요소
> 는 동시에 오로지 감각밖에 될 수 없다."[268]

이러한 오로지 감각밖에 될 수 없는 것이자 '감성적인 것의 존재'
인 강도는 따라서 감성으로 하여금 경험적 차원에서 선험적 차원으
로 올라가도록, 즉 감성의 초월적 실행으로 나아가도록 감성에 폭
력을 행사한다. 그런데 이렇게 감성에 가해진 폭력으로 인해 영혼
전체가 당혹하게 되며 따라서 어떤 문제를 구성하도록 강요된다.

> "말하자면 마주침의 대상, 곧 그 기호가 마치 문제를 머금고
> 있었던 양, 마치 문제를 만들어내고 있었던 양 그렇게 강요하는
> 것이다."[269]

이러한 '문제'가 바로 '이념'이며 이러한 '이념'에 의해 각각의 인
식능력은 초월적 실행으로 나아간다: "이념들은 문제들이지만, 문
제들은 단지 인식능력들이 우월하거나 월등한 실행에 이를 수 있는
조건만을 가져다줄 뿐이다".[270] 왜냐하면 이념은 각각의 인식능력
에 대하여 초월적 대상을 분만하기 때문이다. 이러한 초월적 대상
의 존재는 인식능력이 자신의 한계에 부딪히게 한다. 또한 이러한

---

**268**  *Différence et répétition*, p.187~188 (국역본: 320쪽~321쪽)
**269**  *Différence et répétition*, p.182~183 (국역본: 312쪽)
**270**  *Différence et répétition*, p.190 (국역본: 325쪽)

초월적 대상은 폭력이 하나의 인식능력에서 다른 인식능력으로 전달될 때 형성된다. 그리고 인식능력은 자신의 고유한 초월적 대상을 갖지 공통의 대상을 갖지 않는다.

> "모든 인식능력들이 수렴하면서 어떤 하나의 대상을 재인하려는 공통의 노력에 기여하는 장면 대신, 이제는 어떤 발산적인 노력이 목격되는 것이고, 여기서 각각의 인식능력은 자신이 본질적으로 관련된 '고유한' 측면과 마주하게 된다. 불화를 겪는 인식능력들, 연쇄적으로 이어지는 힘, 실처럼 이어지며 불타는 화약. 여기서 각각의 인식능력은 자신의 한계에 부딪히고, 다른 인식능력으로부터는 오로지 어떤 폭력만을 수용하며(혹은 다른 능력에 전달하며), 이런 폭력을 통해 자신의 고유한 요소와 대면한다. 하지만 이때 이 고유한 요소라는 것은, 각각의 인식능력이 자기자신과 불균등하고 비교 불가능하게 되는 사태 자체인 것이다."[271]

이러한 사태는 반드시 어떠한 차이의 차이소로서 나타난다. 즉 감성에 있어서는 강도적 차이로 나타나고, 상상력에 있어서는 "환상 안의 불균등성"으로, 기억에 있어서는 "시간 형식 안의 비유사성"으로, 순수사유에 있어서는 "사유 안의 미분"으로 나타난다.[272]

---

**271**  *Différence et répétition*, p.184 (국역본: 314쪽~315쪽)
**272**  *Différence et répétition*, p.189 (국역본: 323쪽)

## 2. 문제로서의 이념

        칸트는 이념을 일종의 문제 제기적 개념으로 본다. 칸트는 다음과 같이 쓰고 있다.

> "어떤 개념(가상체)이 자기모순을 포함하지 않고, 또 주어진 개념에 한계를 주는 것으로서, 다른 인식과 관련을 가지기는 하지만, 그런 개념의 객관적 실재성은 인식될 수 없을 경우에, 이런 개념을 나는 문제제기적(problematisch)이라고 한다."[273]

        여기서 이러한 이념의 객관적 실재성이 인식될 수 없다는 말은 이념이 실재적이지 않다거나 실재적 대상을 가지지 않음을 뜻하는

---

[273] 『순수이성비판』, 208쪽

것이 아니다. "칸트가 지적하는 것처럼 이념의 대상은 허구도, 가설도, 사변적 존재자도 아니다".[274] 차라리 이념의 대상은 문제로서의 문제 그 자체이다. 이 문제는 "경험 바깥의 대상"[275]이고 문제 제기를 통해서만 드러난다. 그리고 이 문제는 경험의 바깥에 존재하므로 오성에 의해 객관적으로 인식될 수 없는 것이다. **이와 같이 칸트의 '이념'과 들뢰즈의 '이념' 모두 '경험의 바깥'에 위치하는 문제 제기적인 개념이라는 점에서 일치한다.** 이와 같은 문제로서의 이념은 경험 바깥에 존재하기 때문에 아직은 미규정적이다.

들뢰즈는 이와 같은 미규정적인 문제로부터 출발해 규정 가능성, 상호적 규정을 거쳐 문제의 완결된 규정으로 나아간다. 들뢰즈는 이와 같은 나아감을 '미분적 관계'와 그에 상응하는 특이점들의 규정을 통해 보여주려고 한다.

> "상징 dx는 세 가지 계기를 동시에 지닌다. 먼저 규정되지 않은 것으로, 다른 한편 규정 가능한 것으로, 마지막으로는 규정으로 나타나는 것이다. 이 세 측면 각각에는 다시 충족이유를 형성하는 세 가지 원리가 상응한다. 즉 그 자체로 규정되지 않은 것(dx, dy)에는 규정 가능성의 원리가, 실재적으로 규정가능한 것(dy/dx)에는 상호적 규정의 원리가, 현실적으로 규정되어 있는 것(dy/dx

---

274 *Différence et répétition*, p.219 (국역본: 371쪽)
275 *Différence et répétition*, p.219 (국역본: 371쪽)

IV. 이념과 물음

이러한 완결된 규정은 특이점들의 '실존, 수, 할당'에 의해 이루어진다. 들뢰즈는 이와 같은 특이점들의 분포가 "완결된 규정의 조건"[277]을 제공한다고 말한다.

이념=문제는 해와 본성상 다르며 해에 대해 초월적이다. 미분법은 이를 여실히 보여준다. 미분방정식은 잠재적이며 이 미분방정식의 해는 현실적이다. 들뢰즈는 여기에서 더 나아가 "미분법은 예전에는 해결할 수 없었고 게다가 제기조차 할 수 없었던 문제들(초월적 문제들 problèmes transcendants)을 표현"[278]한다고 주장한다. 이와 같은 문제의 해에 대한 초월성은 매우 중요하다. 문제의 조건들은 이념적 종합의 대상으로서, 해의 경우들을 구성하는 '명제'에 속하지 않기 때문이다. 문제가 실재/허구를 나눌 수 있는 진술로서 명제가 아니라는 것은 미분적인 것이 실재도 허구도 아니고 단지, "문제 제기적인 것 그 자체의 본성을 표현하며, 문제들의 주관적 자율성은 물론이고 그것의 객관적 견고성을 표현한다"[279]는 것을 보여준다.

또한 이와 같이 문제가 명제적이지 않다는 것은, "재현이 의식의 명제들로 간주"[280]될 수 있으므로, 문제의 요소, 즉 미규정적인 요

---

**276**  *Différence et répétition*, p.221~222 (국역본: 375쪽)

**277**  *Différence et répétition*, p.230 (국역본: 389쪽)

**278**  *Différence et répétition*, p.229 (국역본: 387쪽)

**279**  *Différence et répétition*, p.231 (국역본: 390쪽)

**280**  *Différence et répétition*, p.231 (국역본: 390쪽)

소가 재현을 넘어서 있다고 볼 수 있다. 만약 미규정적인 요소가 재현에 포획되면 문제도 재현에 포획되기 때문이다. 이와 같은 문제의 비-재현적 특성은 사실 미분법에 국한된 것만은 아니다. 들뢰즈가 말하는 이념=문제는 다음과 같은 세 가지 특성을 가진다.

(1) 문제와 해들 사이에는 본성상의 차이가 있다.

(2) 문제는 해들에 대해 초월적이며 "문제는 자신의 고유한 규정적 조건들에서 출발하여 해들을 분만한다".[281]

(3) 하지만 문제는 해들 속에서 끈질기게 존속하며 오히려 해들은 문제를 은폐한다. 이것은 해들만을 외우는 것이 문제 자체를 이해하는 데 오히려 방해가 됨을 보여준다. 이때 문제는 더 많이 규정되어 있을수록 더 잘 해결된다.

들뢰즈는 물론 이와 같은 문제의 특성이 비단 미분방정식의 사례에만 국한되는 것이 아니며, 다만 미분법에서 이러한 특성을 잘 발견할 수 있을 뿐이라고 말한다. 들뢰즈는 오히려 문제-이론에서의 진정한 혁신은 아벨과 갈루아에서 찾아볼 수 있다고 말한다. 우리는 문제의 '참됨'을 그것의 해결 가능성을 통해 정의하려고 하지만, 이 둘은 이념=문제의 내적 특성을 통해 이념=문제의 해결 가능성을 근거 지웠다. 이것은 이념을 경험적 대상과의 유비를 통해 규정가능한 것으로, 지성의 개념들을 통해 이상적으로 규정되는 것으로

---

**281** *Différence et répétition*, p.232 (국역본: 391쪽)

파악하는, 즉 이념을 이념 외부의 것에 의존하는 것으로 파악하는 칸트의 외생주의를 극복한 것이다. 이념=문제는 그 자체 안에서 완결된 규정이 가능할 뿐만 아니라 이념=문제의 해결 가능성은 이념=문제의 내적 특성에 의존한다. 아벨과 갈루아는 다음과 같이 주장했다.

> "… 해결가능성은 문제의 형식에서 비롯되어야 한다. 하나의 방정식이 일반적으로 해결 가능한지 무턱대고 찾아나서는 대신, 해결 가능성의 장들을 점진적으로 한정해 가는 문제들의 조건들을 규정해야 하고, 이런 규정 과정을 통해 '언표가 해의 싹을 포함'하는 수준에 이르러야 한다. 바로 여기서 문제-해 관계의 급진적 전복이 일어나고 있다."[282]

이를 통해 아벨과 갈루아는 5차 이상의 방정식이 대수적 해를 갖지 않음을 증명했다. 이것은 철학에 있어서 칸트의 코페르니쿠스 혁명보다 훨씬 대단하고 중요한 혁명이라고 들뢰즈는 말한다. 갈루아의 이론을 알아봄으로써 이러한 들뢰즈의 주장을 이해해 보자. 들뢰즈는 갈루아에 대해 다음과 같이 쓰고 있다.

> "즉 기초가 되는 어떤 '체'(R)로부터 출발하여 이 체에 어떤 것들을 계속하여 부가하여 얻어진 체들(R', R", R'''…)에 의해 가능한

---

**282** *Différence et répétition*, p.233 (국역본: 393쪽)

> 대입과 치환들이 점진적으로 제한되고, 이로써 한 방정식의 근
> 들이 점점 더 정확하게 식별될 수 있다."[283]

그런데 갈루아에 의하면 이러한 대입과 치환이 제한될 수 있는가
의 여부, 그래서 방정식의 근들이 정확하게 식별될 수 있는가의 여
부는 경험적으로 규정되는 것이 아니고, 우선적으로 처음의 체(R)
에 대응하는 대입과 치환의 군이 solvable[284]하느냐의 여부에 달려
있다. 그런데 오차 이상의 방정식에서 처음의 체에 대응하는 대입
과 치환의 군은 모든 대입과 치환을 모아놓은 군인 $S_n$인데, $n \geq 5$
일 때, $S_n$은 solvable하지 않다. 따라서 5차 이상의 방정식의 대수
적 해는 존재하지 않는다.

이와 같이 대수적 해법이 존재하지 않는다는 것을 갈루아는 논증
하므로, 들뢰즈는 갈루아의 이론이 우리가 알고 있는 것에 대하여
이야기하는 것이 아니라 "우리가 알지 못하는 것의 객관성"[285]에 대
해 이야기한다고 말한다.

여기서 '앎'과 '배움'의 차이가 중요하다. 앎은 인식능력들의 경험
적 사용을 통해 생산되는 '결과', 즉 "경험적 형태에 불과하고 경험
속으로 거듭 떨어져 나오는 어떤 단순한 결과"라면 '배움'은 인식능

---

**283** *Différence et répétition*, p.233 (국역본: 393~394쪽)

**284** 군 G가 solvable하다 ⇔군 $H_0, \cdots H_n$이 존재해서 $H_i$가 $H_{i+1}$의 정규부분군이고, $H_0 = \{e\}, H_n = G$ 를 만족하며 $H_{i+1}/H_i$가 단순가환군이다.

**285** *Différence et répétition*, p.233~234 (국역본: 294쪽)

력들을 초월적 실행까지 상승하게 만드는 '선험적 구조'이다.[286] 이런 의미에서 앎은 경험적인 해에 대한 인식이고 배움은 이념=문제와의 마주침이다. 또한 앎은 '방법'을 수단으로 삼는데, 이러한 방법은 모든 인식능력들의 조화로운 협력을 조정한다. 반면에 이념에 대한 '배움'에서는 "따라야 할 방법은 더더욱 없다".[287]

이런 의미에서 '우리가 알지 못하는 객관성'을 보여주는 갈루아의 논증은 '앎'이 아니라 이념에 대한 '배움'임을 우리는 알 수 있다.

> "뒤집어서 말하면 이런 무지는 더 이상 어떤 부정적인 사태, 불충분한 사태가 아니다. 그것은 오히려 대상 안의 어떤 근본적인 차원과 이어지는 어떤 규칙, 어떤 배움이다. 새로운 메논."[288]

또한 갈루아 이론에서 해의 점진적 식별 속에서 미규정자로서의 근들의 상호적 규정의 절차와 완결된 규정의 절차는 연속적으로 통합되어 있다고 들뢰즈는 말한다. 즉 이념=문제에는 우리가 미분법에서 보았던, 미규정적인 요소, 그리고 이러한 요소들의 점진적인 상호적 규정과 완결된 규정이 존재하는 것이다.

이와 같은 의미에서 갈루아와 아벨은 칸트의 외생주의를 넘어서 문제=이념이 내생적으로 완결된 규정성을 가짐을 보여주었다. 즉

---

**286** *Différence et répétition*, p.216 (국역본: 366쪽)
**287** *Différence et répétition*, p.215 (국역본: 364쪽)
**288** *Différence et répétition*, p.234 (국역본: 394쪽)

칸트는 이념이 이념 외부의 경험적 대상들과의 '유비'를 통해 규정 가능한 것으로 되며, 역시 이념 외부의 지성적 개념들과 관련하여 성립하는 "무한한 규정성의 이상"[289]을 갖는다고 말하지만, 아벨과 갈루아는 문제=이념이 이러한 외생적 규정을 갖지 않아도 내생적으로 완결된 규정으로 나아갈 수 있음을 보여준 것이다.

---

**289** *Différence et répétition*, p.220 (국역본: 372쪽)

# 3.

# 다양체이자 구조로서의 이념

　　들뢰즈는 이념을 다양체로 규정하고 있는데, 분리된 지성의 개념들로서의 '하나임'과 '여럿임'의 이항대립은 너무 느슨한 변증법적 그물코로서 실재를 담을 수 없는 반면에 이념으로서의 다양체는 매우 섬세한 뉘앙스, 즉 '얼마만큼', '어떻게', '어떤 경우'를 고려하여 현실화된다.

> "가변적인 혹은 변이 가능한 다양체. 그것은 얼마만큼의 척도, 어떻게의 방식, 각각의 경우이다."[290]

　　결국 들뢰즈는 이념이 수학적 의미에서의 $n$차원의 연속적인 다

---

**290**　*Différence et répétition*, p.236 (국역본: 398쪽)

양체라고 말한다. 여기서 차원은 변항의 개수, 혹은 좌표축의 수를 의미한다. 이러한 이념적인 다양체를 구성하는 요소들은 미분방정식에서의 $dx$처럼 미규정성을 가지고 있다. 이러한 '차이소'로서 미규정적인 요소 때문에 차이는 자유롭게 출현 가능하다. 뿐만 아니라 이러한 미규정적인 요소들 사이에 상호적 규정이 성립하며, 이것을 들뢰즈는 '이념적 연관'이라고 부른다. 이러한 이념적인 연관은 그것이 구현된 것으로서 구체적인 시공간 속에서의 결합관계들과 구분되어야 한다. 이념적인 연관은 상이한 시공간적 결합관계 속에서 현실화된다.

들뢰즈는 『천 개의 고원』에서 '리좀'을 다양체로서의 체계라고 표현하는데, '리좀'의 공식은 n-1로 표현된다. 여기서 1은 복수성으로서의 n에 통일성을 부여하는 메타적 차원의 유일자(일자)를 의미한다. 들뢰즈는 "통일성은 언제나 특정 체계의 차원을 보완하는 텅 빈 차원 속에서 작동한다"[291]고 말한다. 즉 '리좀'이라는 것은 n에 통일성을 부여하고 체계에 대해 별개의 차원에 있는 것처럼 보이는 일자를 배제하는 체계를 의미하는 것이다. 이 리좀적 체계는 '선들의 수', 즉 앞에서 말했던 좌표축의 수만큼의 차원을 가지며 이러한 선들의 "다양체 위에 존재하는 보완적 차원이란 있을 수 없다".[292]

이런 의미에서 다양체에 대해 메타적이며 초월적인 보충적인 차원에서 다양체 전체를 통일시키는 초월적 일자는 존재하지 않는다.

**291** 질 들뢰즈, 펠릭스 가타리, 『천 개의 고원』, 김재인 옮김, 서울: 새물결, 2003, 22쪽
**292** 『천 개의 고원』, 22쪽

『차이와 반복』에서도 들뢰즈는 다양체가 "본연의 다자 그 자체에 고유한 어떤 조직화를 지칭"하지만 "어떤 통일성도 필요로 하지 않는다"[293]고 말한다. 여기서 '본연의 다자 그 자체에 고유한 조직화'라는 말은 어떤 메타적이거나 보충적인 차원을 필요로 하지 않는다는 것을 의미한다. 따라서 우리는 들뢰즈가 『차이와 반복』과 『천 개의 고원』에서 일관적으로 다양체가 초월적 일자를 배제함을 주장했다는 사실을 알 수 있다.

들뢰즈는 이러한 다양체로서의 잠재적 '이념'이 현실적인 결합관계들을 생산해 낸다는 점에서 '이념'을 구조주의에서 말하는 '구조'로 볼 수 있다고 말한다. 이러한 '구조'에 의한 '현실'의 발생을 들뢰즈는 〈정적 발생〉이라고 말한다. 이렇게 구조로부터 현실이 발생하는 과정, 즉 잠재적인 것이 현실화되는 과정은 이념=문제로부터 해답이 탄생하는 과정이다. 들뢰즈는 이러한 '구조'의 사례를 탐색한다.

우리가 살펴볼 사례는 생물학에 있어서 '이념'이자 '구조'이다. 19세기에 조프루아 생틸레르는 놀라운 생각을 했다. 그것은 동물이 형식이나 기능에 의해서 분류되지 않고 단 하나의 '추상적인 동물'의 표현이라는 것이다. 이것은 '존재의 일의성'의 생물학적 버전이다. 이러한 '추상적인 동물'은 하나의 '이념'이자 '구조'인데, 이 이념=구조는 미규정적인 것으로서의 '추상적 요소'들 사이의 상호적 규정을 통해 완결된 규정에 도달한다. 그리고 상이한 형태와 상이한

---

**293** *Différence et répétition*, p.236 (국역본: 398쪽)

기능들 속에서 구현되는 것은 바로 그 추상적 요소들 사이의 관계이다. 모든 동물들은 이러한 '추상적 동물' 속에서 소통한다. 조프루아 생틸레르가 들고 있는 이러한 소통의 사례는 설골(舌骨)의 사례이다.

> "가령 고양이의 설골은 아홉 개의 작은 뼈로 이루어져 있다. 반면 사람의 설골은 단지 다섯 개의 뼈로만 이루어져 있고, 다른 네 개의 뼈는 두개골을 향해있다. 직립적인 자세로 인해 그렇게 변화된 기관 밖으로 밀려난 것이다."[294]

말하자면 각각의 생명체들은 이러한 추상적인 동물을 각기 다른 방식으로 현실화하는 것이다. 그런데 들뢰즈는 아직도 이러한 '뼈'가 너무나 경험적이고 현실적이라서 잠재적인 이념을 형성하는 미규정적인 요소로서는 적절하지 않다고 말한다. 현대 생물학에서 이러한 미규정적 요소는 유전자로 정의된다. 유전자는 다른 유전자의 관계 속에서 상호적으로 규정되면서 생명체 안에서 이 요소들이 이루는 관계가 완결되게 규정되며, 이러한 관계들의 총체가 (생명체의) 순수 잠재력을 구성한다는 점에서 유전자는 '이념'을 규정하는 미규정적 요소이다. 그럼에도 불구하고 생틸레르는 '추상적 동물'을 통해 척추동물에서 두족류로 갈 수 있다고 주장하는 등, 동물학에 있어서 상식과 양식을 깨뜨리고 형식과 기능에 고정된 우리의 생각을

---

**294** *Différence et répétition*, p.239 (국역본: 403쪽~404쪽)

깨뜨려 주었다는 점에서 매우 중요한 학자이다. 그리고 이러한 '추상적인 동물'을 통해서 언제나 '괴물'이 탄생될 수 있다는 점을 생틸레르는 알고 있었다. 그렇기에 그는 〈괴물학〉을 사실상 탄생시켰다고 볼 수 있다. 이찬웅은 『들뢰즈, 괴물의 사유』에서 다음과 같이 쓰고 있다.

> "조프루아 이전까지만 해도 괴물(기형)들은 자연법칙에서 벗어나는 우발적 예외들로 간주 되었다. 즉 그것들은 어떤 종의 표준적인 또는 규범적인 형태들로부터 멀리 떨어진 것으로 이해되었다. 이에 반해 조프루아는 괴물들이 자연법칙이 정당하게 표현되는 방식이라고 설명한다. … 이로부터 괴물을 창조하는 실험 괴물학이 탄생한다."[295]

이런 의미에서 조프루아는 동물의 '이념'이자 '구조'로서 다양체, 즉 모든 동물이 그 안에서 비규범적이고 비표준적으로 소통하는 동물의 이념을 통해서 "비규범적인 소통을 하는 동물 리좀의 전조를, 즉 〈괴물들〉을"[296] 창조한 "위대한 예술가"[297]라고 들뢰즈는 말한다.

들뢰즈가 들고 있는 또 다른 사례는 바로 언어학적인 이념=구조이다. 언어는 '음소'라는 미분적 요소들의 상호적 규정을 통해 완결

---

**295**  이찬웅, 『들뢰즈, 괴물의 사유』, 서울: 이학사, 2020, 79~80쪽
**296**  『천 개의 고원』, 100쪽
**297**  『천 개의 고원』, 100쪽

들뢰즈의 이념적인 놀이

된 규정에 도달한다. 들뢰즈는 특히 소쉬르와 트루베츠코이 등에
서 나타나는 음소들의 〈대립〉을 문제 삼는다. 들뢰즈는 기욤을 따
라 "대립의 원리를 변별적 위치의 원리로 대체해야"[298]한다고 주장
한다. 들뢰즈는 이러한 위치의 변별성에 의해 형성되는 '위상학적인'
구조를 「구조주의를 어떻게 식별할 것인가?」라는 논문에서 보여주고
있다. 들뢰즈는 이 논문에서 구조의 요소를 '위치'라고 말하고 있다.

> "이 위치는 현실적인 외연 내에서의 자리를 뜻하지 않으며, 또
> 상상적인 공간 안에서의 자리를 뜻하지도 않는다. 그것은 고유
> 하게 구조적인 공간, 즉 위상학적인 공간 내에서의 자리들, 장들
> 이다. 구조적이라고 부를 수 있는 것은 바로 이 공간, 그러나 외
> 연이 없는, 외연 이전의 공간, 이웃 관계의 질서로 구성된 순수
> 'spatium'이다."[299]

이러한 구조적/위상학적 공간 내에서의 자리는 이 자리를 점유할
사물들과 현실적 존재들에 존재론적으로 선행하며, "상상적 역할
들"[300]이나 현실적 사건들에 대해서도 존재론적으로 선행한다.
선험적인 것은 바로 이러한 위치들/자리들이며 이 자리를 점유하
는 것과 이 변별적 위치들의 구조는 독립적이다. 말하자면 구조주

---

**298** *Différence et répétition*, p.265 (국역본: 443쪽)
**299** 국역본 『의미의 논리』 中 특별보론 「구조주의를 어떻게 식별할 것인가」, 523쪽
**300** 위 논문, 523쪽

의는 새로운 선험철학으로서, "장소들은 그들을 점유하는 존재들에게 그 구조를 부과한다".[301] 그리고 '의미'는 이러한 위치/자리들의 조합의 효과이다. '가장 수준 높은 놀이들은 … 무한히 심층적인 순수 'spatium' 내 자리들의 조합체계를 조직하는 놀이들'로서 일종의 주사위 놀이이다.

> "알튀세르는 연극/극장의 은유를 사용한다. 그러나 이 연극은 현실도 관념들도 아니다. 그것은 … 자리들과 위치들의 순수연극이다. 예컨대 구조주의의 핵심은 다음의 시적이고 연극적인 슬로건에 있다. 사고하는 것은 곧 주사위를 던지는 것이다."[302]

다시 언어학적 이념=구조로 돌아오면 언어구조는 이러한 위치/자리들의 조합체계로 파악되며, 이러한 언어에 대립 관계들을 설정하는 것은 "언어의 유희적 본성을 배반하는 것"[303]이 된다. 즉 "언어학적 주사위 놀이 자체의 의미를 배반하는 것"[304]이다. 이러한 언어의 잠재적 구조가 어떻게 현실화될지는 우연에 의해 규정되는 것이기에 언어에 대한 구조주의적 사유는 일종의 '주사위 놀이'인 것이다.

---

**301**   위 논문, 524쪽

**302**   위 논문, 526쪽

**303**   *Différence et répétition*, p.264 (국역본: 442쪽)

**304**   *Différence et répétition*, p.264 (국역본: 442쪽)

"이 언어는 자신의 잠재성 안에 모든 음소와 비율적 관계들을 포함하고 있는데, 이 음소와 관계들은 상이한 언어들 안에서 현실화되도록 예정되어 있고, 하나의 같은 언어가 지닌 특이한 부분들 안에서 현실화되도록 예정되어 있다."[305]

---

**305** *Différence et répétition*, p.267 (국역본: 446쪽)

**4.**

# 이념, 본질, 사건

이러한 이념은 본질이 아니라, "사건, 변용, 우연들 쪽에 있다".[306] 왜냐하면 이념을 통해서 특이점들의 실존, 수, 할당이 결정되는데, 들뢰즈의 특이성으로서 '순수사건'은 이러한 특이점들의 방사, 혹은 방출을 의미하기 때문이고 "문제의 조건들 자체가 … 단면, 절제, 부가된 체들 등을 함축"[307]하고 있기 때문이다. 예를 들어 원추곡면의 방정식이라는 문제는 원뿔을 단면으로 절제해서 얻어진 것이다. 일반적으로 말해서 우리는 도형의 방정식을 변환이나 변형, 극한으로의 이행 등의 변용, 즉 사건을 통해 표현할 수 있다. 또한 원래의 체에 수들을 첨가하여 얻어진 체에서 첨가된 수들은 비본질적인 것이고 우연적인 것이라는 점에서 부가된 체의 구성

---

**306** *Différence et répétition*, p.243 (국역본: 408쪽)
**307** *Différence et répétition*, p.244 (국역본: 410쪽)

들뢰즈의 이념적인 놀이

은 하나의 '사건'이다. 이런 의미에서 이념=문제는 그 자체로 이념적 사건, 순수사건을 함축하고 있다. 플라톤적 합리주의는 이념=이데아를 본질과 묶어놓으려고 했으나 들뢰즈는 정반대로 이데아를 〈사건〉으로서의 비본질적인 것에 묶어놓으려고 하는 것이다. 플라톤은 이데아를 문제 제기적인 것으로 파악했으나 가장 중요한 질문을 '이것은 무엇인가?'와 같은 본질에 대한 질문으로 파악했다는 점에서 합리주의자였다. 그는 물론 경험적 대답들을 물리치고, "문제의 미규정적 지평을 열어놓기"[308] 위해 이 질문을 이용했다. 그러나 이제 문제를 규정해야 할 때, '얼마만큼?', '어떻게?', '어떤 경우에?'라는 사건에 대한 질문, 다양체에 대한 질문이 중요해진다.

물론 소크라테스의 변증법은 '이것은 무엇인가'의 질문을 통해서 사람들을 아포리아로 몰아넣는 교육적인 효과가 있었다. 그러나 이러한 변증법은 결국 사람들을 아포리아와 모순 속에서 허무주의에 빠뜨리는 것 이외의 역할을 하지 못했다. 소크라테스의 변증법은 결과적으로 "문제 일반의 영역을 열어놓되, 그 문제를 본연의 문제나 이념으로 규정하는 임무와 노력은 다른 절차들에 떠넘기는 데 그치는"[309] 결점을 낳게 된다. 그리고 변증법이 더 이상 교육학적 효과를 상실하고 문제를 제기하는 기술이기를 그칠 때, 변증법은 단순히 "부정성과 모순에 의한 운동으로 전락한다".[310]

---

**308** *Différence et répétition*, p.243 (국역본: 409쪽)

**309** *Différence et répétition*, p.243 (국역본: 409쪽)

**310** *Différence et répétition*, p.243 (국역본: 409쪽)

들뢰즈는 이와 같이 잘못되어 버린 역사적 전통에서 벗어나서 변증법을 문제를 제기하는 기술로 다시 정립해야 하고, 본질에 대한 질문에서 벗어나서 우연, 사건, 다양체에 대한 질문을 던져야 한다고 말한다. 이 길은 본질을 거부하지만 단순한 경험적 사례들의 나열에는 만족하지 않는, 새로운 선험적 '이념'을 수립하는 길이다. 들뢰즈는 이와 같은 새로운 길에 대해 낙관적으로 생각하고 있다.

> "이 질문들은 우연, 사건, 다양체, 곧 차이에 대한 질문들이고, 이 점에서 본질의 질문, 일자, 상반성, 모순 등의 질문과 맞서 대항하고 있다. 어디에서나 히피아스가, 심지어 이미 플라톤 안에서마저 승승장구하고 있다. 본질을 거부했고, 하지만 사례들로는 만족하지 않았던 히피아스가 승리하고 있는 것이다."[311]

들뢰즈는 『천 개의 고원』에서 본질에 대한 질문에 의한 정리적(théorematique) 과학으로서 왕립과학과 사건과 변용에 의한 문제－설정적 과학으로서 유목과학을 구분한다. 예를 들어 유목적 기하학에서 도형은 변용의 관점에서, 즉 "절단, 삭제, 부가, 투영"[312]등의 변용의 관점에서 다루어진다. 이러한 유목적 과학은 유에서 종으로 나아가거나 본질을 추구하지 않고 항상 문제를 조건 짓는 이념적 〈사건＝변용〉과 문제의 해로서의 현실적 〈사건＝변용〉을 생산한다.

---

**311**  *Différence et répétition*, p.244 (국역본: 410쪽)
**312**  『천 개의 고원』, 693쪽

"여기서 말하는 사건에는 온갖 종류의 변형, 변환, 극한으로의 이행 등이 포함되는데, 이러한 조작 속에서 각각의 도형은 본질이 아니라, 하나의 "사건"을 나타내게 된다. … 정리가 이성의 질서를 따르는 데 반해 문제는 변용태의 차원에 속하는 것으로서 과학 자체의 다양한 변신이나 발생, 창조와 불가분의 관계에 놓여 있다."[313]

『천 개의 고원』에서 들뢰즈는 더 나아가 그 자체로서 이념적 사건을 포함하고 현실적 사건들을 생산해 내는 유목과학의 이념=문제가 그 자체로 하나의 혁명적 전쟁기계였다고 말한다. 왕립과학과 유목과학의 차이는 정치적인 차이였던 것이다. 이것은 "사건으로서의 문제를 중점적으로 고찰"[314]한 17세기 수학자 데자르그에 대한 왕립과학의 억압에서도 잘 드러난다.

이와 같은 이념=문제가 하나의 혁명적 전쟁기계가 될 수 있음은 『차이와 반복』에서도 잘 드러난다. 들뢰즈는 레닌이야말로 이념들을 지니고 있었던 사람이라고 말한다. 이것은 레닌이 사회주의 이데올로기를 충실하게 받들었다는 뜻이 아니다. 들뢰즈가 말하는 '이념'은 이른바 '이데올로기'와는 무관하다.

들뢰즈는 vice-diction의 원리를 긍정의 원리로 완전히 변형시킴으로써 레닌의 '이념'을 설명한다. 여기서 vice-diction은 말 그

---

313  『천 개의 고원』, 693쪽
314  『천 개의 고원』, 700쪽

대로 부차적인 것(vice-)으로부터 이념을 탄생시키는 원리이다. 이제 vice-diction은 세계 안에서 불공가능한 것들을 배제하는 원리가 아니라, 부가된 체들의 명시와 특이점들의 응축을 통해서 이념을 점진적으로 규정하는 원리이다. 체들에 부가된 것들은 '문제를 단번에 해결 가능하게 만드는 미래적이거나 과거적인 이념적 사건들의 파편'을 의미하고, 〈현실적 세계〉와 불공가능한 이념적 사건들의 파편을 의미한다. 이 파편을 끼워 맞춤으로써 우리는 완결된 이념, 완결된 이념적 사건에 도달한다. 또한 들뢰즈는 특이점들을 응축시켜야 한다고, 즉 "모든 상황, 용해점, 빙점, 응결점들을 어떤 숭고한 기회, 곧 카이로스Kairos 안으로 침전시켜야 한다"[315]고 말한다. 들뢰즈는 각각의 이념은 사랑과 분노의 두 얼굴을 가지고 있으며, 이념적 사건들의 파편을 모으는 부가된 체들의 명시가 사랑과 같은 것이고, 특이점들의 응축이 분노와 같은 것이라고 말한다. 그리고,

> "이 응축은 이념적 사건에 힘입어 '혁명적 상황'의 축적을 정의하고, 현실적인 것 안에서 이념이 터져나오게 만든다. 바로 이런 의미에서 레닌은 이념들을 지니고 있었다."[316]

레닌은 이러한 의미에서 사랑과 분노, 즉 이념 안에 있는 혁명적인 것들을 가지고 있었다.

---

**315**   *DR*, 246
**316**   *DR*, 246

**5.**

# 이념, 재현, 인식능력

3절에서 보듯이 구조로서의 이념은 다양체로서 정적 발생을 진행시킨다. 이런 의미에서 "구조와 발생은 서로 대립하지 않으며"[317] 또한 자리/위치의 조합체계로서 구조는 그 효과로서 의미를 생산해 낸다. 즉 구조와 의미는 서로 대립하지 않는다. 또한 4절에서 보듯이 구조와 사건 사이에도 대립은 존재하지 않는다.

오히려 진정한 의미에서 대립은 이념(구조, 사건, 의미)과 재현 사이에 있다고 들뢰즈는 말한다. 재현에서 개념은 '가능성'과 관련이 있지만 이념은 '잠재성'과 관련이 있다. 재현은 사유하는 의식적 주체에 의한 대상의 재인을 의미하지만 이념은 잠재적 무의식을 현시할 뿐만 아니라 vice-diction의 과정을 통해 현시된다.

---

**317** *Différence et répétition*, p.247 (국역본: 415쪽)

그리고 다양체로서의 이념은 본질도 외관도 아니며, 일자도 다자도 아니다. 따라서 〈일자로서의 본질의 다자로서의 외관에로의 반영〉이라는 재현의 구도는 이념 앞에서 붕괴한다. "그러므로 vice-diction의 절차들은 재현의 용어들을 가지고는 결코 표현할 수 없다".[318]

들뢰즈는 또한 재현으로서의 '앎'이 이념에 대한 '배움'과 본성상의 차이가 있다고 말한다. 재현과 앎은 의식의 명제를 획득하는 것을 목표로 하며 이 의식의 명제는 '문제'가 아닌 "해의 경우들을 지칭"[319]한다. 반면 이념에 대한 '배움'은 "알지도, 듣지도 못했던 문제의 세계로 진입"[320]하는 것을 의미한다. 예를 들어 수영을 배울 때에 우리는 신체의 특이점들을 물결의 특이점들과 '합성'해서 '문제'를 구성하는데 이러한 문제는 우리의 신체가 변형될 것을 요구한다. 의식의 명제들로서는 수영을 배울 수 없다. 또한 외국어를 배운다는 것은 서로 다른 언어의 특이점들을 합성하는 것이며 이러한 '문제'의 구성과정에서 언어는 변형된다. 역시 외국어 또한 단순한 의식의 명제들로는 배울 수 없으며 무의식 차원에서 변형이 요구된다.

들뢰즈는 또한 이념이 특수한 인식능력에 귀속되는 것은 아니며 "모든 인식능력들을 주파"[321]한다고 말한다. 이념은 각각의 인식능력의 '초월적 대상'을 분만한다.

---

**318**  *Différence et répétition*, p.248 (국역본: 416쪽)
**319**  *Différence et répétition*, p.248 (국역본: 417쪽)
**320**  *Différence et répétition*, p.248 (국역본: 417쪽)
**321**  *Différence et répétition*, p.249 (국역본: 419쪽)

들뢰즈의 이념적인 놀이

> "이념은 … 어떤 규정된 인식능력 자체의 실존뿐 아니라 이 능력의 변별적 대상이나 초월적 사용을 가능케 하는 것이다."[322]

　예를 들어 언어학적 이념은 음소라는 '미분적 요소'들의 상호적 규정에 의해 완결된 규정으로 나아가는 다양체이다. 이 다양체는 언어능력을 가능케 하며 이 언어능력의 초월적 대상으로서 '메타언어'를 분만한다. 이 메타언어는 "주어진 한 언어의 경험적 실행 안에서는 말해질 수 없다".[323] 이 메타언어는 언어능력의 고유한 초월적 대상, 즉 다른 인식능력들에 대해 배타적인 초월적 대상이 된다. 이러한 배타성에 의해 인식능력들의 '부조화'가 발생한다. 그런데 앞에서 '기호' 혹은 '강도'와 우발적, 비자발적으로 마주치게 되었을 때 '부조화의 조화'가 이루어짐을 보았다. 이러한 '부조화의 조화'는 "공통감이 지닌 동일성, 수렴, 협력 등의 형식을 배제한다".[324] 오히려 이러한 '부조화의 조화'는 공통감이 아닌 역설감para-sens에 의해 이루어지는데, 이러한 역설감은 "이념들을 요소로"하고 있다. 이러한 이념들에 의해 "사유하기, 말하기, 상상하기, 느끼기 등은 어떤 단일하고 똑같은 사태가 된다".[325]

　이념은 '순수한 다양체들로서, 공통감 안의 어떠한 동일성 형식도 전제하지 않는다'. 들뢰즈는 이러한 이념적 다양체가 '미분적 미광'

---

**322**　*Différence et répétition*, p.249~250 (국역본: 419쪽)
**323**　*Différence et répétition*, p.250 (국역본: 419쪽)
**324**　*Différence et répétition*, p.250 (국역본: 420쪽)
**325**　*Différence et répétition*, p.250 (국역본: 420쪽)

을 가지고 있으며 하나의 인식능력에서 다른 인식능력으로 이 불이 옮겨붙는다고 말하고 있다. 그리고 "이 불은 공통감을 특징짓는 그 자연의 빛처럼 등질성을 지니지 않는다".[326]

그리고 이른바 무의식은 "역설감 안의 이념들"[327]이 지닌 명제 외적이며 문제 제기적인 성격을 가지며, 동시에 "능력들의 역설적 실행이 지닌 비경험적 특성"[328]을 가진다. 이러한 성격들은 재현을 넘어선 현시의 역량을 표현한다. 왜냐하면 역설은 재현되지 않으며 의식적 명제는 재현적인 데 반해 '문제'는 재현적이지 않기 때문이다.

이념들은 의식의 명제나 그 근거로서의 코기토가 아니라 우리가 앞에서 다루었던 '균열된 나'와 관계한다. 또한 이념들은 순수사유의 초월적 실행을 통해 근거로서의 코기토를 파괴하는 '보편적 근거와 해'에 도달한다. 그리고 이러한 순수사유의 초월적 대상은 바로 '우발점'으로서 모든 이념은 이 우발점으로부터 도래한다. 이 우발점은 균열된 나의 틈바구니를 통해 이념들이 들어오고 나가게 한다. 이 균열된 나란 순수사유의 무의식에 해당한다. 이것이 의미하는 바는 이념은 어떤 특수한 능력의 초월적 대상도 아니지만, 특히 순수사유의 초월적 대상도 아니지만, 모든 특수한 능력과 관계하며 동시에 '순수사유의 무의식'으로부터 도래한다는 것이다.

**326** *Différence et répétition*, p.250~251 (국역본: 420쪽)
**327** *Différence et répétition*, p.251 (국역본: 421쪽)
**328** *Différence et répétition*, p.251 (국역본: 421쪽)

**6.**

# 물음/명법에 대하여

특이성이 문제로서의 이념과 관련되어 있다면 이러한 이념이 유래하는 우발점은 물음/명법과 관계가 있다: "문제나 이념들은 모험의 명법에서 유래하거나 물음들로서 현시하는 사건들로부터 발현한다".[329] 그런데 들뢰즈는 또한 물음과 명법의 진정한 의미가 "우연을 어떤 긍정의 대상으로 만드는 것"[330]이라고 말한다. 즉 물음/명법은 앞에서 말했던 존재론적 놀이로서 주사위 놀이(=이념적인 놀이)와 관련되는 것이다. 모든 우연을 단번에 긍정한다는 것은 '불균등한 것들의 공명', 즉 『의미의 논리』의 용어로 말하자면 발산하는 계열들의 공명/소통과 이러한 공명/소통을 가능케 하는 우발점을 긍정한다는 것을 의미한다. 이런 의미에서 매번의 던지기마다

---

329  *Différence et répétition*, p.255 (국역본: 428쪽)
330  *Différence et répétition*, p.256 (국역본: 429쪽)

"모든 우연들이 함께 하고 있다".[331] 또 던지기의 결과들은 '이념'으로서 문제 제기적 조합들이다. 이러한 이념=문제로서의 조합은 이상적인 부가된 체를 찾아야 하는 "점진적 규정의 대상"[332]이다. 이런 의미에서 주사위 놀이를 통해 문제계산법이 펼쳐진다.

즉 주사위 놀이를 통해 미분적 요소들의 상호적 규정과 특이점들의 분배로서 완결된 규정이 이루어진다. 들뢰즈는 또한 물음/명법과 문제의 순환이 성립한다고 말한다. 왜냐하면 우발점에 의한 불균등한 것들의 공명을 통해 "문제가 문제로서 지니게 될 진리"[333]가 구성되고 그 진리 안에서 물음/명법이 검증되기 때문이다. 들뢰즈는 또한 다음과 같이 쓰고 있다.

> "우연이 긍정되면, 모든 자의성들은 매번 폐기된다. 우연이 긍정되면, 발산 그 자체는 한 문제 안에서 긍정의 대상이 된다."[334]

발산이 긍정되는 것은 불균등한 것의 공명을 가능케 하는 우발점 안에서 모든 이념이 소통하기 때문이다. 또한 이러한 소통은 이념이 우발점에 알맞은 것이어야 하기에 자의성들은 폐기된다.

들뢰즈는 현대 소설에서 작품은 물음=명법이 낳은 문제이자 이러한 문제에 의해 점진적으로 규정되는 이상적인 부가된 체라고 말

---

**331** *Différence et répétition*, p.256 (국역본: 429쪽)
**332** *Différence et répétition*, p.256 (국역본: 430쪽)
**333** *Différence et répétition*, p.256 (국역본: 430쪽)
**334** *Différence et répétition*, p.256 (국역본: 430쪽)

한다. 즉 들뢰즈는 현대 소설가들이 일종의 "보편수학에 해당하는 '학'을 확립하고 있다".[335] 들뢰즈는 실제로 다음과 같이 쓰고 있다.

> "작품의 저자는 이념의 조작자라는 이름을 얻을 만하다. 레이몽 루셀은 자신의 "사실들의 방정식들"을 어떤 해결해야 할 문제들로 제기한다. 그것은 언어적 명법의 신호 아래 공명하기 시작하는 어떤 이념적 사실이나 이념적 사건들, 그 자체로 결단인 사실들이다. 많은 현대 소설가들은 작품이 전개되기 시작하는 이 우발점, 이 '맹점' 안에 위치하고 있다. 작품은 명령하고 물음을 던지는 이 맹점에서부터 어떤 문제인 것처럼 전개되고, 그런 가운데 자신의 발산하는 계열들을 공명하게 만든다."[336]

335  *Différence et répétition*, p.257 (국역본: 430쪽)
336  *Différence et répétition*, p.257 (국역본: 430쪽)

V

# 선험적인 장과
# 정적 발생

# 1.

# 명제와 의미

들뢰즈는 명제가 내포하는 세 가지 상이한 관계를 구별한다. 우선 지시작용이 있다. 이러한 지시작용은 명제와 개별화된 사태 사이의 관계이다. 지시는 말들을 사태를 '표상'하는 이미지들과 연합시키는 것을 의미한다. 이러한 지시는 형식적 지시자로서 '이것', '저것', '그', '여기', '저기', '어제', '지금' 등과 실질적 지시자들로서 고유명사를 통해 이루어진다.

현시작용은 명제와 물리적 혼합물로서 사물의 상태를 연합시키지 않고 반대로 명제와 주체를 연결시킨다. "현시는 명제와 상응하는 욕구와 신념의 언표를 통해 스스로를 드러낸다".[337] 이러한 현시에 의해서 비로소 지시가 가능하게 되는데 왜냐하면 '나'라는 기본적인

---

**337** *Logique du sens*, p.22 (국역본: 64쪽)

현시자가 있어야 앞에서 말한 형식적 지시자가 기능할 수 있기 때문이다.

기호작용은 말들과 개념들을 연결 짓는다. 이러한 기호작용에서 명제의 요소들은 개념적 함축의 기표가 된다. 명제가 논증의 요소가 되는 것도 바로 이러한 기호작용을 통해서이다. 지시작용에 형식적 지시자, 현시작용에 기본적인 현시자가 있다면, 기호작용에는 기본적인 기표로서 '함축하다'와 '그러므로'를 갖는다.

"파롤"의 관점[338]에서는 현시작용이 기호작용을 앞서지만 소쉬르적 구조주의자들이 말하는 "랑그"의 차원[339]에서는 기호작용이 현시작용을 앞선다고 말한다. 왜냐하면 나의 욕구나 신념은 개념들과 개념적 함축들, 그리고 객관적인 '기표'가 없으면 무의미한 것으로 남아 있을 것이기 때문이다.

따라서 논리적으로 보면 기호작용이 현시작용보다 앞서 있고, 현시작용이 지시작용에 앞서 있으므로 기호작용이 지시작용에 앞서 있어야 한다. 그런데 들뢰즈는 순수한 기호작용의 질서, 즉 순수함축의 질서는 결국 실제 사태와 마주치지 못한다고 주장한다. 그러나 결론이 참이기 위해서는 명제를 그것이 지시하는 사태와 관련지어야 한다. 만약 A, B라는 전제로부터 순수 기호작용만으로 사태를 지시하는 명제 Z에 도달하기 위해서는 명제 C, 즉 "A, B가 진(眞)이

---

**338** 파롤이란 개별적인 발화를 의미한다.

**339** 랑그란 사회적 차원의 언어적 규약의 체계를 의미한다. "랑그는 공동체 구성원들 사이에 맺어진 일종의 계약으로만 존재합니다"(페르디낭 드 소쉬르, 『일반언어학 강의』, 김현권 옮김, 서울: 지식을 만드는 지식, 2012, 31쪽). 이러한 사회적 규약의 체계로서 랑그는 '기표'들의 '차이'에 의해 개념이 구성되는 양상을 보인다.

라면 Z가 진이다"라는 명제가 요청되고 C 또한 "A, B, C가 진이라면 Z가 진이다"라는 명제 D를 요청하며, 이와 같은 과정이 무한히 계속되기 때문에 전제들을 "하나의 사태(사물의 상태)에 관련시키기 위해 순수함축의 질서에서 우선 벗어나야 한다".[340] 이와 같은 의미에서 기호작용에서 결론이 참이기 위해서는 사태와 마주쳐야 하는데 이러한 사태와 마주치기 위해서는 지시작용의 선행성이 요청된다.

이와 같은 방식으로 지시작용, 현시작용, 기호작용은 하나의 원환 속에서 어떤 것도 최종적으로 다른 것들을 앞서지 못한다는 것을 알게 되었다. 그렇다면 명제의 다른 차원으로서 '의미'의 차원이 독립적으로 요청되는 것 아닐까? 지시작용은 명제를 진과 위로 구별하지만 이러한 진과 위의 구별은 먼저 의미가 주어져야 가능하다. 즉 지시작용은 의미를 전제로 한다. 의미는 현시작용에 의해 궁극적으로 정초되는 것도 아닌데, 왜냐하면 앞에서도 보았듯이 현시작용은 기호작용을 전제로 하기 때문이다. 또 기호작용은 지시작용을 전제로 하므로 의미는 이 명제의 세 차원에 의해 정초되지 않으며 오히려 의미는 이 세 작용에 선행한다.

이런 의미에서 "의미는 명제의 네 번째 차원이다".[341] 우리는 다른 작용에 의해서가 아니라 즉각적으로 의미의 차원에 존재하게 된다. "우리는 '단번에' 의미 안에 자리 잡는다".[342] 그런데 의미가 지

---

**340**  *Logique du sens*, p.27 (국역본: 69쪽)
**341**  *Logique du sens*, p.30
**342**  *Logique du sens*, p.41

시작용에 선행하므로 의미는 사물의 상태에 선행하며 의미가 기호
작용에 선행하므로 의미는 개념의 질서로서 언어의 질서에 선행한
다. 더 나아가 의미는 명제로 표현된 것이자 사태의 부대물이다. 의
미는 명제와 사물 사이의 "두께 없는 세계(monde plat)"[343]로서 표면
에 위치한다.

---

343  *Logique du sens*, p.34 (국역본: 79쪽)

# 2.

# 선험적인 장

들뢰즈는 이러한 '의미'의 차원을 '선험적인 장'으로 보고 있으며 이러한 '의미'를 다른 말로 표현하자면 '사건' 혹은 '특이성'이라고 말한다.

> "의미는 … 사물들의 표면에 존재하는 비물체적인 것이며… 명제 속에 내속하거나 존속하는 순수한 사건이다."[344]

사건이란 "주어에 의해 지시된 사물의, 또는 명제 전체가 지시하는 사물의 상태의 부대물"[345]인데, 이러한 표면효과이자 부대물로서의 '사건'은 하나의 열외존재이다. 또한 동사로서의 사건은 그것

---

[344] *Logique du sens*, p.30 (국역본: 74쪽)
[345] *Logique du sens*, p.33 (국역본: 78쪽)

들뢰즈의 이념적인 놀이

을 표현하는 명제 바깥에는 실존하지 않는다. 그런데 의미 또한 사태의 부대물이며 열외-존재이자 그것을 표현하는 명제에 내속한다. 이런 맥락에서 들뢰즈는 의미가 '사건'과 동일한 것이라고 말한다.

들뢰즈는 또한 서로 다른 계열들이 미분적 관계를 형성할 때, 이 미분적 관계의 값들에 '매우 특수한 사건들, … 정확히 규정 가능한 특이성들이 상응한다고 말한다'. 즉 특이점들의 분배는 미분적 관계들의 함숫값들에 상응하는 것이다. 이러한 미분적 관계를 들뢰즈는 '구조'라고 부르는데, 이러한 구조는 '이념적 사건들의 목록'을 포함한다.

이런 의미에서 사건들은 '의미'들이자 '특이성'들이다. 즉 순수사건의 장은 의미의 장이자 특이성들의 장인 것이다. 즉 선험적인 장은 순수사건의 장이자 특이성들의 장이다. 사실 들뢰즈의 '선험적인 장'의 개념은 사르트르의 『자아의 초월성』에서 온 것이다.

사르트르에 의하면 칸트의 선험적 통각, 즉 모든 표상에 동반될 수 있는 〈나는 생각한다〉가 '사실상' 우리의 의식에 거주하는 것도, '사실상' 경험의 최상의 종합을 수행하는 것도 아니라고 말한다. 사르트르는 칸트가 정확히 말해서 선험적 통각이 경험의 가능조건을 규정하는 것으로서 모든 표상에 동반될 수 '있는' 것이라고 말했지, '사실상' 모든 표상에 동반되는 것이라고 말한 적이 없다고 말한다. 사르트르는 다음과 같이 쓰고 있다.

> "비판의 문제는 권리의 문제이다. 칸트는 '나는 생각한다'의 사
> 실상의 현존에 관해서는 결코 확언하지 않는다. 오히려 칸트는
> "나"가 없는 의식의 순간들이 있다는 것을 완벽하게 이해했던 것
> 으로 보인다."[346]

즉 나의 지각과 사유를 항상 '나의 것'으로 간주할 수 있다는 것이
경험의 가능조건들의 일부를 이룬다는 것이 사르트르가 해석한 칸
트의 주장인 것이다. 이러한 가능조건을 실재화하는 것이 "현대철
학의 위험한 한 경향"[347]이라고 사르트르는 말한다.

사르트르는 이러한 가능적인 것과 실재적인 것의 혼동을 지적하
면서, 자신이 '사실상의 문제'에 집중하겠다고 말한다. 또한 사르트
르에 의하면 후설은 선험적 의식을 현상학적 환원을 통해 거머쥐는
데, 이 선험적 의식은 '하나의 절대적 사실'로서 현상학적 환원을 통
해 우리들 모두가 도달할 수 있는 실재적 의식이라고 말한다. 사르
트르에 의하면 후설은 『이념들』에서 선험적인 나, 즉 각각의 현상
위로 광선을 내리쬐는, 각각의 의식들의 배후에 존재하는 선험적인
나가 있다고 주장한다. 이러한 선험적인 나는 인칭적인 것이기에
이제 선험적 의식은 "전적으로 인칭적인 것"[348]이 된다. 혹자는 이
러한 선험적인 나의 실존은 의식의 통일성에 대한 요청에 의해 정

---

**346** 장 폴 사르트르, 『자아의 초월성』, 현대유럽사상연구회 옮김, 서울: 민음사, 2020, 18쪽~19쪽
**347** 『자아의 초월성』, 19쪽
**348** 『자아의 초월성』, 30쪽

당화된다고 말하겠지만 의식의 통일성은『내적 시간의식의 현상학』에서 보듯이 종합하는 선험적인 나 없이도 '구체적이고 실재적인 과거지향'으로서 횡단하는 지향성들의 유희를 통해 확보된다. 따라서 선험적인 나는 반드시 필요하지 않다.

사르트르는 심지어 선험적인 나가 해롭다고 말한다.

> "만약 선험적인 나가 존재한다면 그것은 ⋯ 의식을 분할할 것이고, 불투명한 금속 날처럼 각각의 의식에 비집고 들어갈 것이다. 선험적인 나, 그것은 의식의 죽음이다."[349]

따라서 선험적인 나는 의식 안에 거주하지 않고, 오로지 반성을 통해서만 의식에 대해 초월적인 **대상**으로서만 출현한다. 이런 의미에서 전반성적인 의식은 '나'가 없다는 점에 비인칭적인 의식이다. 실제로 사르트르는 다음과 같은 예를 든다.

> "내가 전차를 뒤쫓을 때, 내가 시계를 볼 때, 내가 초상화 감상에 몰입할 때, 나는 없다."[350]

이렇게 '나'는 하나의 '대상'이라는 점에서 하나의 '존재자 (existant)'에 불과하다. 이러한 '나'와 심리학적−생리학적 존재로서

---

**349** 『자아의 초월성』, 35쪽
**350** 『자아의 초월성』, 48쪽

'자기'는 이러한 비인칭적인 선험적인 장으로부터 발생한다.

그리고 이러한 '나'와 '자기'가 각각 '자아'의 한 측면에 불과하다. '나'는 행위의 통일성이라는 측면에서의 자아이고 '자기'는 상태들과 성질들의 통일성이라는 측면에서의 자아이다. 즉 자아는 '상태들과 행위들의 구체적인 총체'이다. '나'와 '자기'가 그러한 것처럼 자아는 의식의 반성에 의해 '구성'되고 '생산'된 것이다. 이렇게 끊임없이 새롭게 구성된다는 점에서 "자아는 '본성상' 도주하는 것이다".[351] 이런 의미에서 사르트르의 선험적인 장은 주체를 구성한다.

들뢰즈는 이와 같은 사르트르의 비인칭적인 선험적 장에 대해 다음과 같이 쓴다.

> "정적 발생은 사르트르가 1937년에 발표한 결정적인 논문에서 제기한 조건들에 응답하는 선험적인 장 안에서만 이루어질 수 있다. 이 선험적인 장은 비인칭적인 장으로서, 종합 작용을 하는 인칭적인 의식이라는 또는 주체적 동일성이라는 형태를 가지고 있지 않다. 여기에서, 주체는 언제나 구성된다."[352]

그런데 들뢰즈는 이러한 선험적인 장이 비인칭적일 뿐만 아니라 개체적인 것의 질서와 일반적인 것의 질서로부터도 독립되어야 한다고 말한다. 들뢰즈는 이러한 독립된 선험적인 장을 특이성들의

---

**351** 『자아의 초월성』, 111쪽
**352** *Logique du sens*, p.120 (국역본: 187~188쪽)

장이라고 보고 있다. 왜냐하면 특이성은 "반(反)일반성이며, 동시에 비인칭적이고 전개체적"[353]이기 때문이다. 또한 들뢰즈는 이러한 선험적인 장이 의식의 형식을 거부한다고 말한다. 왜냐하면 의식의 통일화에 의한 종합은 인칭으로서의 '나'와 개체로서 '자아'가 없는 선험적인 장에서는 불가능하기 때문이다.

---

353  *Logique du sens*, p.121 (국역본: 189쪽)

**3.**

# 『이념들』에서 후설의 사유와 그 미흡함

후설은 궁극적인 의미의 차원을 "표현"이라고 부른
다.[354] 후설이 지각작용이라는 '노에시스'의 '의미'로서 '지각적 노에
마'에 이야기할 때, 이러한 '지각적 노에마'는 비물체적인 것이자,
능동이나 수동에 대해 중성적인 것으로서 '순수한 외관'으로 제시된
다. 이것을 후설은 다음과 같이 설명하였다.

(1) 자연 속의 한 사물로서의 나무는 불에 탈 수도 있고 화학적인
원소로 분해될 수 있지만 지각작용의 '의미'로서 나무의 노에마는
"불에 탈 수 없으며 그것은 어떠한 화학적 원소도, 어떠한 힘도, 어

---

**354** 후설은 다음과 같이 쓰고 있다. "우리는 시선을 오로지 '의미'와 '의미된 것'에로만 국한시킨다. 이러
한 말들은 '표현'이라는 언어의 분야에만 관계하고 있다"(에드문트 후설, 『순수현상학과 현상학적 철
학의 이념들』, 최경호 옮김, 서울: 문학과 지성사, 1997, 438쪽).

떠한 실재하는 특성을 갖고 있지 않다".[355] 이 때문에 지각적 노에마는 실재적인 인과적 능력을 가질 수 없으며 따라서 능동이나 수동에 대해 중성적이다.

(2) 또한 후설은 '지각적 노에마'가 "나타나는 것 자체"[356]라고 말하고 있다. 들뢰즈의 말대로 후설은 지각적 노에마를 '순수한 외관'이라고 보고 있는 것이다. 그러나 역시 '지각적 노에마'는 단순한 경험적인 지각된 것이 아니며 감각 경험은 현상학적 환원에 의해 '괄호가 쳐진 상태'이다. 따라서 '존재는 지각된 것'이라는 버클리의 명제는 거부된다.

그런데 들뢰즈가 후설을 칭찬하는 것은 여기까지이다. 현상학은 표면적인 것에 대한 엄밀한 학이 되지 못하는 것이다. 왜냐하면 노에마는 술어이자 개념으로서 이해될 뿐 사건으로서나 동사로서는 이해되지 않기 때문이다. 후설은 동일화가 불가능한 역설적인 차원에 존재하는 '사건'으로부터 시작하지 못하고, 대상의 동일성을 설명해줄 '공통감(sens commun, 상식)'의 시원적 능력에서 출발했다. 들뢰즈적 의미에서의 공통감은 주체의 측면에서 인지능력들의 조화로운 통일을 보증하고 이를 통해 객관의 측면에서 대상의 동일성을 보증한다.

---

**355** 『순수현상학과 현상학적 철학의 이념들』, 337쪽
**356** 『순수현상학과 현상학적 철학의 이념들』, 336쪽

후설에게 있어서 상상, 지각, 상기 등 다양한 인식능력들은 믿음 특성, 즉 실연적, 필증적[357], 추정적 등등의 존재 양상과 관계하는 믿음 특성인 '독사적(doxische)특성'을 포함하고 있다. 예를 들어 지각 속에는 지각 믿음 혹은 지각 확실성이 포함되어 있다. 그리고 후설에 의하면 이러한 양상들을 생산해 내는 비양상적인 근원형식이 존재하는데, 이것을 후설은 'Vrglaube'나 'Urdoxa'라고 표현하고 있다. 이 'Urdoxa'는 각각의 인지능력 속에서 이 능력들을 소통시키며 대상의 동일성을 보증하는 공통감각으로 기능하고 있다.

후설에게 있어서 대상과 그 대상의 의미의 관계는 칸트적 의미의 '대상=x'와 그 '노에마'적 술어들의 관계로부터 파생된 것으로 나타난다. 그리고 '대상=x'는 공통감에 의한 의식의 통일에 의해 정립된 대상 동일성의 형식이다. 따라서 후설에 있어서 대상의 동일성은 이와 같은 인지능력들을 소통시키는 공통감각을 기초로 한다. 이러한 공통감각론은 결국 〈의미〉로부터 '발생'되는 것으로 기술되어야 할 것, 즉 의미와 다른 차원에 있는 것으로 받아들여야 할 것을 의미의 차원에 있는 것과 뒤섞고 있다. 즉 후설적인 의미의 논리에서 일반적 술어들의 통일체의 구성은 기호작용을, 대상과 의미의 관계의 문제는 지시작용을 건드리고 있으며, 결국 칸트적 공통감각론을 통해 후설은 선험적이고 인칭적인 동일성의 형태를 유지하는 주체를 복권시킴으로써 현시작용의 차원을 건드리고 있다. 즉 후설

---

**357** '실연적'이라는 것은 개별자에 대해 필연적인 것을 의미하고 '필증적'이라는 것은 본질 필연성을 의미한다.

은 "표현과 구분하고자 했던 이 다른 차원들과 표현을 혼동함으로써 모든 개념들을 뒤범벅으로 만들게"[358] 된다.

**358** *Logique du sens*, p.120 (국역본: 187쪽)

**4.**

# 존재론적 정적 발생

존재론적 정적 발생은 선험적인 장으로부터 개체, 인칭, 일반적인 것(특성, 집합)의 발생을 다룬다. 개체는 지시작용과, 인칭은 현시작용과, 일반적인 것은 기호작용과 관계된다.

선험적인 장 속에서 계열들이 수렴할 때, 하나의 세계가 구성된다. 그리고 개체로서의 모나드는 이 세계를 반영하며 또한 자신의 방식대로 표현한다. 이러한 개체에 의한 세계의 표현은 개체의 신체가 다른 개체들의 신체들과 맺는 관계에 따라 이루어진다. 사건들=특이성들은 "세계 안에서 그리고 이 세계의 부분을 형성하는 개체들 안에서 동시에 효과화된다".[359] 개체발생의 단계에서 사건들이 효과화된다는 것은 "한 신체 안에 구현되고 그 신체의 상태가 되

---

**359** *Logique du sens*, p.134 (국역본: 206쪽)

는 것"[360]을 의미한다. 그리고 이렇게 "효과화된다는 것은 또한 표현되는 것"[361]이다. 들뢰즈는 라이프니츠에게 있어서 신은 모나드들을 창조했다기보다는 세계를 창조했다고 말한다. 또한 효과화되는 것, 표현된 것으로서의 순수사건=특이성은 표현으로서의 모나드와 혼동되어서는 안 되며 이 표현된 것은 존속/재속한다.

하나의 세계가 형성되는 것은 계열들의 수렴에 의해서이며, 이러한 계열들의 수렴이야말로 라이프니츠에 있어서 '공가능성(compossibilité) 이라고 들뢰즈는 말한다. 반면 계열들이 발산하는 곳에서 불공가능한 다른 가능세계가 시작된다. 이 불공가능성은 모순에서 파생하지 않으며 오히려 모순이 불공가능성에서 파생한다: "죄인 아담과 죄인이 아닌 아담 사이의 모순은 아담이 죄를 짓는 세계와 죄를 짓지 않는 세계가 공가능하지 않다는 사실에서 파생된다".[362]

또한 계열들의 수렴을 연속성이라 할 때 공가능성은 이와 같은 의미에서 "특이성의 연속체"[363]로 정의된다.

각각의 세계에서 개체들은 세계의 모든 특이성들을 표현한다. 그러나 개체로서의 모나들은 "각 모나드 형성의 중심이 되며 또 각 모나드의 신체와 조합되는 특이성들만을 '명료하게' 내포한다".[364] 이렇게 개체에 '내포'된 특이성들로서 사건들은 주어에 귀속하는 〈분

---

**360** *Logique du sens*, p.134 (국역본: 206쪽~207쪽)

**361** *Logique du sens*, p.134 (국역본: 207쪽)

**362** *Logique du sens*, p.135 (국역본: 208쪽)

**363** *Logique du sens*, p.135 (국역본: 208쪽)

**364** *Logique du sens*, p.135 (국역본: 208쪽)

석적 술어〉가 된다. 이 모나드들의 신체들은 혼합물을 형성하는데 분석적 술어들은 이 혼합물을 개별적 주어의 신체 내로 '번역'한다.

즉 '아담이 사과를 먹다'에서 '사과를 먹다'라는 술어는 아담과 사과의 물리적 혼합을 아담의 신체 내로 번역한다. 그렇다면 '이성을 가짐'이라는 술어는 어떠할까? 놀랍게도 스토아학파는 이성을 하나의 물체로 여기는데[365], 왜냐하면 스토아학파는 실재적인 인과관계에 들어갈 수 있는 모든 것들을 '물체'로 보았기 때문이다. 예를 들어 "영혼이 부끄러움이나 공포를 느낄 때 신체는 각각 붉은색으로 변하거나 창백해진다".[366] 그러므로 스토아학파에게 있어서 부끄러움이나 공포 등은 육체적인 것이다. 이뿐만 아니라 영혼 자체가 실재적인 인과관계에 들어간다는 점에서 영혼 자체가 육체적인 것이라고 스토아학파는 말한다.

그리고 개체발생의 단계에서 분석적 술어들 사이에는 "논리적 위계도 일반성의 특성도 없다".[367] 특히 술어들 사이의 일반성의 위계는 술어들이 다른 술어에 대해 주어의 역할을 할 때에만 존재할 수 있다. 그런데 개체발생의 단계에서는 술어들이 구체적 개체로부터 독립된 추상적인 것일 수 없으며 이러한 개체에 대한 독립성이 없다면 술어들을 따로 모아서 하나의 주어를 구성할 수는 없다. 이런

---

**365** La raison est un corps, comme disent les Stoïciens, qui pénètre et s'étend dans un corps animal (국역본: 이성은, 스토아학파가 말했듯이, 한 동물 신체 내로 확장되어 그를 관통하는 물체이다) *Logique du sens*, p.136 (국역본: 210쪽)

**366** Long, A.A, D.N, Sedley, *The Hellenistic Philosophers: Volume 1*, Cambridge: Cambridge University Press, 1987, 78.7~79.2

**367** *Logique du sens*, p.136 (국역본: 210쪽)

의미에서,

> "이 장미는 이 장미의 붉음을 가지지 않고서는 붉지 않다. 이
> 붉음은 이 붉음의 색을 가지지 않고서는 색이 아니다."[368]

술어들 사이에 논리적 위계나 일반성의 정도들이 성립하지 않으므로 개체발생 단계에서는 유와 종, 특성과 집합이 존재하지 않는다.

그런데 효과화의 두 번째 층위가 조직된다. 발산하는 세계들 사이에서 어떤 개체들이 동일시된다: "여러 세계에 공통적인 '모호한 아담'이 … 즉 아담=x가 존재한다".[369] 이 '모호한 아담'은 몇 개의 술어들을 통해 종합적으로 '정의'되는 주어이다. 이 '모호한 아담'과 같은 주체가 바로 '인칭'인 것이다.

> "모든 세계들에 공통된 어떤 것=x. 모든 대상=x는 '인칭들'이
> 다. 그들은 술어들에 의해 정의되지만, 이 술어들은 더 이상 한
> 세계 안에서 규정되어 있으며 이 개체들의 기술(description)을
> 시행하는 개체들의 분석적 술어들이 아니다. 이들은 인칭들을
> 종합적으로 정의하는 술어들이며, 그들에게 변수들이나 가능성
> 들만큼 상이한 세계들과 개별성들을 여는 술어들이다."[370]

---

**368**  *Logique du sens*, p.136 (국역본: 210쪽)
**369**  *Logique du sens*, p.139 (국역본: 214쪽)
**370**  *Logique du sens*, p.139 (국역본: 214쪽)

이 공통된 어떤 것=x는 동일시의 형식일 뿐이므로 선험적인 장을 구성하는 우발점으로서의 '유일한 던짐'과는 다른 것이다. 이렇게 술어들에 의해 인칭적 주어들이 종합적으로 '정의'되므로 개체발생에서와는 달리 효과화의 두 번째 층위에서는 일반성의 위계가 성립한다. 이러한 일반성의 위계에 의해 집합과 특성이 구성된다.

더 나아가 인칭은 "하나의 유일한 구성원만을 포함하는 집합"[371]이며 이 인칭의 술어는 여러 가능세계를 가로질러 동일한 하나의 상수이다.

이뿐만 아니라 존재론적 정적 발생에서 개체발생은 시몽동에서와 같이 포텐셜 에너지가 현실화되는 방향을 따라서 이루어지기에, 일방향/양식 즉 정주적 분배의 원리를 형성시키고, 두 번째 효과화의 층위에서는 여러 가능세계를 가로질러 동일한 주체를 형성하므로, 주체적 동일화의 형식으로서 공통감각/상식의 원리가 형성된다.

이런 의미에서 존재론적 정적 발생에 의해 "전개체적이고 비인칭적인 선험적 놀이"[372]로서 이념적인 놀이에서 출발해서 개체, 인칭, 양식, 상식이 생산되며 이렇게 생산되는 개체, 인칭, 양식, 상식은 다시 이념적인 놀이에 의해 "침식당하며, 역설에 의해 내부로부터 전복당한다".[373]

---

**371** *Logique du sens*, p.140 (국역본: 215쪽)
**372** *Logique du sens*, p.142 (국역본: 217쪽)
**373** *Logique du sens*, p.142 (국역본: 217쪽)

**5.**

# 논리학적 정적 발생

라이프니츠에 의하면 개체의 술어들은 그 개체들에 관한 분석명제를 형성한다. 또한 인칭의 술어들이 인칭들을 종합적으로 정의한다는 점에서 인칭의 술어들은 종합명제를 형성한다. 이러한 개체들과 관계하는 분석명제와 인칭들과 관계하는 종합명제들은 '가능성'이 아닌 '실제 존재'와 관련된 존재론적 명제들이다. 들뢰즈는 개체와 인칭 자체가 존재론적 명제들이라고 말한다. 그런데 개체와 인칭 이후에 등장하는 집합들과 속성들은 존재론적 명제를 구성하는 것이 아니라 "명제의 다른 질서"로서 "논리적 명제 일반의 조건 또는 가능성의 형식"[374]을 구성한다. 이러한 논리적 명제 안에서 개체와 인칭은 "가능성을 효과화"[375]하는 역할을 수행한다.

---

[374] *Logique du sens*, p.143 (국역본: 219쪽)

[375] *Logique du sens*, p.143 (국역본: 219쪽)

들뢰즈는 문제에서 해(解)로서의 명제가 발생하는 것을 논리학적 정적 발생이라고 부른다. 말하자면 문제는 조건, 명제는 조건 지어진 것이다. 이런 의미에서 들뢰즈는 집합들과 속성들에 의해 구성되는 명제의 가능성의 형식에 따라 문제를 정의하는 것은 "조건 지어진 것의 이미지에 따라 조건을 생각하는 것"[376]이라고 말한다. 문제는 해로서의 명제들과 유사하지 않다. 이것은 문제가 모든 '테제'에 대해 중성적이라는 것을 의미한다. 차라리 들뢰즈는 문제가 하나의 '테마'라고 말한다. 이런 의미에서 문제는 명제의 분신이 아니라고 들뢰즈는 말한다.

말하자면 문제 속에서 중성과 발생적 힘이 결합하는 것이다. 즉 전개체적이고 비인칭적인 중성적 장에 의해 명제들이 발생하는 것이다. 이 중성적인 장이 바로 선험적인 장이다. 이러한 의미에서 논리학적 정적 발생 또한 선험적인 장과 깊은 연관을 맺고 있다.

이러한 선험적인 장은 곧 들뢰즈가 말하는 '형이상학적 표면'이다. 이러한 표면 속에서 '특이성들의 분배와 재분배를 위한 연극'이 펼쳐진다. 또한 이러한 형이상학적 표면으로서 선험적인 장은 물체들과 명제들 사이에 경계선을 형성한다. 물론 이러한 경계선은 명제와 물체의 분리를 의미하지 않으며 오히려 '의미'는 명제 안에서 내속할 뿐만 아니라 물체에서 발생하는 표면효과이다.

---

[376] *Logique du sens*, p.147 (국역본: 224쪽)

"우리는 물체들 … 과 명제들 사이에서 형성되는 경계선을 형이상학적 표면(선험적 장)이라고 부를 것이다. … 이 경계선은 언어와 물체 … 를 구분해서 분배할 수 있게 해주는 표면과 관련해 어떤 소리의 속성들을 함축한다. 이 모든 방식에 의해 표면은 선험적인 장 자체가, 그리고 의미 또는 표현의 장소가 된다. 의미는 표면에서 형성되고 전개되는 것이다. 그러나 경계선이 분리를 의미하지는 않는다. 그것은 단지 의미가 물체에서 발생하는 것인 동시에 명제들 안에서 지속하는 것으로서 드러날 수 있게 해주는 절합(articulation)의 요소이다."[377]

들뢰즈는 의미가 표면 속에서 형성될 뿐만 아니라 표면 자체를 생산한다고 말한다. 의미는 안감(doublure)이고 이러한 안감에 의해 '표면들의 생산, 표면들의 복수화와 응집'이 이루어진다. 이러한 안감은 표리가 연속되게 만든다. 즉 의미가 명제 안에 내속하면서 동시에 물체에 부대하도록 만든다.

---

**377** *Logique du sens*, p.150~151 (국역본: 228쪽)

# VI

# 이념적인
# 놀이

**1.**

# 우발점, 물음, 이념적인 놀이

들뢰즈의 '우발점'은 모든 이념을 구성하는 특이성들이 유래하는 대문자 사건이라고 볼 수 있다. 앞에서 이념으로서 문제가 특이점들의 실존, 수, 할당을 규정한다고 말했는데, 이러한 규정은 『의미의 논리』에서는 특이점들의 '계열화'라고 표현된다. 말하자면 "각 계열에 상응하는 특이성들의 분배(répartition)가 문제들의 여러 장을 형성"[378]한다. 반면 우발점은 이러한 계열들을 돌아다니며 이 계열들을 소통시킨다. 이뿐만 아니라 우발점은 특이점들의 "재파악과 변형에, 모든 재분배에 명령을 내리는 심급-X"[379]이다. 특이점들의 조합 혹은 배열 각각은 하나의 이념적 사건이고, 심급-X는 "그 안에서 모든 사건들이 소통하고 분배되는 대문자 사건

---

**378** *Logique du sens*, p.72 (국역본: 128쪽)
**379** *Logique du sens*, p.72 (국역본: 129쪽)

들뢰즈의 이념적인 놀이

이자 모든 사건들이 그것의 조각들이나 단편이 되는 유일 사건이다".[380]

또한 우발점은 "모든 우연을 단번에 응축"[381]한다. 즉 우발점은 모든 우연적인 특이성들 속에서 반복되는 영원회귀하는 필연성, 즉 존재의 일의성이다.

특이점들 혹은 특이성들이 이념으로서의 문제와 관계된다면 우발점은 '물음'과 관계된다. 물음은 이념 안의 문제들로 개봉되며, 문제들은 "순수사유 안의 물음들로 봉인"된다.[382] 물음-문제의 복합체는 존재론의 부활을 예고하고 있다. 즉 물음-문제의 복합체는 오늘날 "존재가 고유한 의미에서 응답하고 있는 유일한 심급이 되었다".[383]

들뢰즈는 전통철학에서 가설적인 것에서 필증적인 도덕적 명법으로 나아갔다면, 이제는 문제 제기적인 것에서 물음의 명법으로 나아가야 한다고 말한다. 전통철학에서 출발점은 의식의 명제로서의 '가설'에 있는 반면, 도착점은 라이프니츠의 최선의 원리, 칸트의 정언적 명법과 같은 필증적인 도덕적 명법에 있는 것이다. 이런 의미에서 전통철학을 지배하고 있는 것은 가설주의와 도덕주의이다. 반면에 우선 문제는 앞에서 보았듯이, 의식의 명제로서 '가설'과는 본성상의 차이가 있다. 또한 물음의 명법은 모든 우연을 단번에 긍정

---

**380** *Logique du sens*, p.72 (국역본: 129쪽)

**381** *Différence et répétition*, p.256 (국역본: 429쪽)

**382** *Différence et répétition*, p.253 (국역본: 425쪽)

**383** *Différence et répétition*, p.252 (국역본: 422쪽)

하는 반면에 도덕적 명법은 선/악의 구분 속에서 즉 "승부를 규정하는 최선의 선택의 원리 안에서"[384] 우연을 조각내고 우연을 긍정하지 못한다.

말하자면 '물음의 명법'은 앞에서 우리가 논의했던 니체의 존재론적 놀이로서 '주사위 놀이'와 깊은 관련을 맺고 있다.

> "여기서 중요한 것은 오히려 주사위 놀이이고, 열린 공간으로서의 하늘 전체이며, 유일한 규칙으로서의 던지기이다. 이념들은 던지기[놀이]들의 결과로 따라나오는 문제제기적인 조합들이다. 이는 주사위 놀이가 조금도 우연(하늘-우연)을 폐기하고자 하지 않기 때문이다. 우연을 폐기한다는 것, 그것은 확률의 규칙들에 따라 우연을 조각낸다는 것, 다수의 던지기들 위로 조각낸다는 것이다. … 반면 주사위 놀이는 단번에 우연을 긍정한다. 각각의 던지기는 매번 모든 우연을 긍정한다."[385]

물음의 명법의 의미는 바로 이러한 주사위 놀이 속에서의 우연의 긍정에 있다. 그리고 이념들은 이러한 물음과 명법에서 유래한다. 이를 통해 우리는 특이성들이 우발점에서 유래한다는 것을 알 수 있다.

들뢰즈는 또한 이러한 '우연의 긍정'이 '자의성'을 옹호하는 것이 아니라고 말하는데, 왜냐하면 '자의성'이란 자신의 계산체계를 통해

---

**384** *Différence et répétition*, p.256 (국역본: 429쪽)
**385** *Différence et répétition*, p.255~256 (국역본: 428쪽~429쪽)

우연들 중에서 자신에게 가장 유리한 것을 선택할 때에만 성립하는 것이기 때문이다. 즉,

> "우연 속에 자의적인 것이 있다면, 그것은 단지 우연을 추방할 목적이 있는 규칙들을 통해 그 우연을 … 할당하기 때문이다."[386]

또한 모든 특이성으로서 이념적 사건은 우발점으로서의 대문자 사건 속에서 소통하며 이러한 대문자 사건은 이념적 사건을 통해 동등하게 표현되기에, "모든 조합, 그리고 그 조합을 산출하는 각각의 던지기(놀이)는 우발점의 움직이는 장소와 명령에 정확하게 일치하는 본성을 지니고 있기 때문이다".[387]

그리고 이러한 명법과 물음들은 '나'로부터 유래하지 않고 '존재'로부터 유래하는데, 이런 의미에서 "모든 물음들은 존재론적"[388]이다. 뿐만 아니라 이러한 존재론은 주사위 놀이와 깊은 관련이 있다. 차라리 "존재론, 그것은 주사위 놀이"[389]이다.

'이념적인 놀이'가 바로 이러한 존재론적인 주사위 놀이이다. 이러한 '이념적인 놀이'에 대비되는 '현실적인 놀이'를 먼저 규정해 보자. 이러한 현실적인 놀이에서는,

---

**386** *Différence et répétition*, p.256 (국역본: 429쪽)
**387** *Différence et répétition*, p.256 (국역본: 429쪽)
**388** *Différence et répétition*, p.257 (국역본: 431쪽)
**389** *Différence et répétition*, p.257 (국역본: 431쪽)

(1) 놀이가 시작되기 전부터 정해진 규칙은 놀이가 진행되는 동안 바뀌지 않는다.

(2) 이 규칙들은 우연을 분할하는 가설들을 규정한다.

(3) 이러한 가설들에 의한 나눔은 "수적으로 정확히 구분되어 고정되어 있다".[390]

(4) 이 나눔은 승리와 패배를 결정한다.

이런 의미에서 현실적인 놀이는 우연을 절대적으로 긍정하는 놀이가 아니며 "일정한 지점들에서만 우연을 포착"할 뿐이다. 나머지는 "기계적인 전개"나 "인과 조작의 요령에 맡겨진다".[391] 이런 의미에서 현실적인 놀이는 '순수한 놀이'라기보다는 노동이나 도덕과 섞여 있다.

> "그래서 놀이들은 결국 서로 뒤섞이게 되며 노동이나 도덕 같은 다른 종류의 활동들을 참조하게 된다. 그리고 사실 놀이들이란 노동과 도덕의 희화화 또는 모델이며, 그들의 요소들을 새로운 질서로 통합하는 것이다."[392]

말하자면 현실적인 놀이를 지배하는 것은 '좋음'과 '나쁨'을 규정하는 도덕적 모델이나 인과율과 목적론의 지배를 받는 노동의 경제학적 모델이다.

---

**390** *Logique du sens*, p.74 (국역본: 132쪽)

**391** *Logique du sens*, p.75 (국역본: 132쪽)

**392** *Logique du sens*, p.75 (국역본: 132쪽)

이에 반해 우연을 순전히 긍정하는 놀이를 들뢰즈는 '이념적인 놀이'라고 말한다. 이 '이념적인 놀이'에서는,

(1) 놀이에 선행하는 규칙은 존재하지 않으며 "각 수(手)는 자신의 규칙들을 발명해 내며, 그 고유한 규칙에 근거한다".[393]

(2) 우연은 분할되지 않으며 수들 전체가 우연을 절대적으로 긍정한다.

(3) 수(手)들은 질적으로 구별되지만 수(數)적으로는 구분되지 않으며 존재론적으로는 하나이다. 즉 수(手)들은 유일하고 동일한 우발점으로서 '유일한 던짐'의 질적인 형태들이다.

(4) 이렇게 각 수들이 수적/존재론적으로 구별되지 않고 우연이 분할되지 않으므로 이 놀이에는 승리와 패배가 존재하지 않는다.


이러한 '이념적인 놀이'에서 각 수는 특이점들의 분배를 행한다. 그런데 이러한 분배는 〈Ⅲ. 존재의 일의성〉에서 다룬, 정주적 분배가 아닌 유목적 분배이다. 그리고 특이점들의 분배로서 특이점들의 체계는 다른 특이점들의 체계와 '유일한 던짐' 안에서 소통한다. 이 것은 닫힌 공간을 분할하는 것이 아니라 열린 미분할된 공간 안에서 '가변적인 결과들'이 분배되는 것이다.

물론 들뢰즈는 이러한 '이념적인 놀이'가 현실적이지 않으며 순수 사유의 놀이라고 말한다. 물론 이러한 '이념적인 놀이'는 잠재성으

---

**393** *Logique du sens*, p.75 (국역본: 132쪽~133쪽)

로서 "사유 자체의 실재이다".[394]

현실적인 놀이에서는 계열들이 수렴하여 하나의 결정된 경로로 나아가는 듯하지만, 보르헤스에 의하면 우리는 모든 순간에 항상 우연을 불어넣을 수 있다. 보르헤스는 『픽션들』의 「바빌로니아의 복권」에서 복권은 "추첨의 모든 단계에 우연을 개입"[395]시킨다고 말한다. 보르헤스는 만약 시간이 무한히 분할 가능하다면, 유한한 시간 속에서도 무한한 추첨이 가능하다고 말한다. 보르헤스는 다음과 같이 쓰고 있다.

> "무지한 사람들은 무한한 추첨에는 무한한 시간이 요구된다고 주장한다. 하지만 '거북이와의 경주' 비유가 보여주듯이, 시간은 사실상 무한하게 나뉠 수 있다는 것으로 충분하다."[396]

들뢰즈는 이와 같이 '무한하게 나뉠 수 있는 시간'이 '아이온'의 시간이라고 말한다. 이와 같은 무한한 가지치기에 의한 우연들의 발산은 현실적인 세계에 속하는 것은 아니지만 '사고 자체의 실재'이다. 그리고 이러한 모든 우연을 긍정하는 것, 더 나아가 우연을 발생시키는 것은 바로 '이념적인 놀이'이다.

---

**394**  *Logique du sens*, p.76 (국역본: 134쪽)
**395**  호르헤 루이스 보르헤스, 『픽션들』, 송병선 옮김, 서울: 민음사, 2011, 84쪽
**396**  『픽션들』, 85쪽

# 선험적인 장과 이념적인 놀이

이러한 '이념적인 놀이'가 벌어지는 열리고 미분할된 공간이 바로 '선험적인 장'이라고 들뢰즈는 말한다. 선험적인 장에서 특이성들은 '방출'되며 동시에 이 특이성들은 '유목적 분배'에 들어간다. 이런 의미에서.

> "이 장은 의식의 장으로 규정될 수 없다. … 우리는 인칭의 형식과 개체화의 관점을 인정함으로써 의식을 모체로서 수립하려는 시도를 거부한다. 의식은 통일화에 의한 종합 없이는 아무것도 아니다. 그러나 '나'의 형식도 자아의 관점도 없다면, 의식의 통일화에 의한 종합은 존재하지 않는다. 반면 개체적이지도 인칭적이지도 않은 것은 특이성들의 방출이다. 특이성들은 무의식적 표면 위에서 이루어지며, 유목적 분배에 의한 자가 통일화

(auto-unification)의 내재적이고 동적인 원리를 통해 작동한다. 그리고 이 유목적 분배는 의식이 행하는 종합들의 조건인 고정적이고 정주적인 분배들과 확연하게 구분된다. 특이성들은 참된 선험적 사건들이다."[397]

그리고 이러한 선험적인 장으로부터 개체나 인칭이 발생한다. 말하자면 특이성들의 선험적인 장은 개체와 인식을 생산하는 '포텐셜 에너지'의 장이다.

이러한 의미에서 선험적인 장은 다음과 같은 다섯 가지 특징이 있다.

(1) 선험적인 장 속의 특이성-사건들은 시몽동적인 의미에서 "준안정적인(métastable)"[398] 체계 속에서 개체나 인칭을 발생시킨다. 이런 의미에서 순수사건의 에너지는 포텐셜 에너지이고, "현실화의 형태들은 사건의 효과화에 상응한다".[399] 시몽동에 의하면 개체가 발생하는 것은 "개체보다 더 풍부한 실재 한가운데서 일어나는 사건이자 작용"[400]이며, 진정한 개체화의 원리는 "완전한 작용의 … 특이성"이다.[401]

---

**397** *Logique du sens*, p.125 (국역본: 193쪽~194쪽)
**398** '준안정적 시스템'이란 양립 불가능성과 불일치를 품고 있는 시스템을 의미한다. 개체의 발생은 이러한 양립 불가능성과 불일치가 해소되는 과정이다.
**399** *Logique du sens*, p.125 (국역본: 195쪽)
**400** 질베르 시몽동, 『형태와 정보 개념에 비추어 본 개체화』, 황수영 옮김, 서울: 그린비, 2017, 119쪽
**401** 『형태와 정보 개념에 비추어 본 개체화』, 109쪽

(2) 선험적인 장 속에서 특이성들은 우발점으로서 대문자 사건 안에서 소통한다. 즉 "특이성들은 자가 통일화의 과정을 겪는다".[402] 이러한 통일의 과정이 바로 '이념적인 놀이'이다. 우발점으로서 '유일한 던짐'을 통해서 특이성들이 방출되고 특이성들의 체계들이 서로 소통하는 것이다.

(3) 선험적인 장은 '형이상학적 표면'에 위치한다. 이러한 '형이상학적 표면'은 후기 들뢰즈에 있어서 '내재성의 평면'이라는 개념과 같은 것이다. 실제로 들뢰즈는 자신의 마지막 논문 「내재성: 하나의 생명」에서 선험적인 장을 '내재성의 평면'과 등치시키고 있다: "선험적인 장은 그 어떤 내재성의 순수평면으로 정의되게 될 것이다".[403] 그리고 들뢰즈는 이러한 내재성을 '하나의 생명(une vie)'과 동일시한다. 그리고 이러한 '하나의 생명'은 전개체적이고 비인칭적인 생명으로서, "살아 활동하는 이런저런 주체가 가로지르는 모든 순간 속에, 체험되는 이런저런 대상들이 헤아리는 모든 순간 속에 존재한다".[404] 더 나아가 이 절대적 내재성으로서의 생명은 주체들과 대상들 속에서 현실화되는 순수사건을 실어나르는 것이다. 이러한 의미에서 〈형이상학적 표면=내재성의 평면=선험적인 장=순수사건(특이성)들의 장〉이라는 등식이 성립한다. 이렇게 '이념적인 놀이'가 선험적인 장으로서의 '무의식적 표면'에서 이루어진다.

---

**402**  *Logique du sens*, p.125 (국역본: 195쪽)

**403**  「들뢰즈가 만든 철학사」, 511쪽

**404**  「들뢰즈가 만든 철학사」, 514쪽

(4) 또한 '의미'를 만들어 내는 것은 '특이성'으로서의 〈정보〉이다. 시몽동에 있어서 정보는 '차이'의 출현으로서 '사건'이나 '충격'이다. 실제로 시몽동은 정보가 "특이성이며 출현 도상에 있는 개체 차원에서의 순수사건"[405]이라고 말하고 있다. 이것은 기존의 정보이론과는 확연히 다른 독창적인 개념의 혁신이다. 기존의 정보이론에서,

> "정보는 실체적인 두 극(송신자와 수신자) 사이에 이미 정해져 있는 메시지로서 전송되는 신호(결정된 형태와 의미)를 뜻한다. 정보는 송신자에 의해 미리 정해진 의미(메시지-형상)를 노이즈의 방해를 뚫고 수신자에게로 정확하게 전달하는 데서 성립한다."[406]

따라서 기존의 정보이론에서 정보는 미리 결정된 의미를 가지며 이러한 의미의 정확한 동일성을 유지시킨 채 전달하는 것이 과제가 된다.

이와 같이 '동일성'에 대한 집착이 기존의 정보이론의 특성이었다면, 시몽동의 정보이론에서는 '차이'가 중요하다. 즉, 정보의 의미는 "불일치하는 두 항이 동시에 참여하는 하나의 긴장된 앙상블이 형성될 때 비로소 성립"[407]한다. 이것은 정보체계가 일종의 준안정적인 시스템임을 의미한다.

---

**405** 『형태와 정보 개념에 비추어본 개체화』, 93쪽
**406** 김재희, 『시몽동의 기술철학』, 파주: 아카넷, 2017, 46쪽
**407** 『시몽동의 기술철학』, 47쪽

들뢰즈의 이념적인 놀이

(5) 이 선험적인 장은 문제적인 것의 지위를 가진다. 특이성들은 "어떤 방향도 가지지 않는 위상학적 사건들(événements topologiques)"[408]로서 문제-장 안에서 분배된다. 이러한 '방향 없는 특이성들'은 우리가 그 본성을 알 수 없는 것이지만 "그들이 어디에 있는가를"[409] 알게 해주는 것이다. 이러한 특이성들의 비결정성에도 불구하고 특이점들의 존재와 분포에 의해 '문제'는 완결된 규정을 얻고 객관적인 정의가 부여될 수 있다.

들뢰즈는 선험적인 장을 선험적인 순수의식으로서 규정하려는 시도는 순수의식을 통해 경험적 의식을 조건 지우지만, 이것은 조건을 조건 지워지는 것의 이미지에 따라 이해하려는 시도에 불과하다고 말한다. 조건과 조건 지워지는 것은 유사하지 않고 따라서 선험적인 장은 의식으로서 개체나 인칭과는 본성상 다른 것, 즉 전개체적이고 비인칭적인 특이성들의 장이어야 한다고 말한다. 이러한 특이성들은 방향이 결정되지 않은 '유목적 특이성들'로서 "개체화의 질료들과 인칭성의 형식들에 관계없이 인간들, 식물들, 동물들에 돌아다니는 … 특이성들"이다.[410] 그리고 이러한 특이성들이 자유롭

---

**408** *Logique du sens*, p.127 (국역본: 197쪽)

**409** *Logique du sens*, p.127 (국역본: 197쪽)

**410** *Logique du sens*, p.131 (국역본: 202쪽) 들뢰즈는 흥미롭게도 『천 개의 고원』에서 실제로 바이러스가 숙주의 유전정보를 전혀 다른 종의 세포들 속으로 옮겨 새로운 변이를 생성함으로써 이전의 수목(樹木)적인 진화를 파괴하고 리좀적인 진화를 형성한다고 말한다.
"바이러스는 애초의 숙주에서 가져온 '유전정보'들을 고스란히 간직한 채 전혀 다른 종의 세포들 속으로 달아나고 옮겨갈 수도 있다. … 진화의 도식은 덜 분화된 것에서 더 분화된 것으로 나아가는 나무 모양의 혈통 모델을 따르지 않을 것이다. 그것은 이질적인 것 안에서 즉각 작동하며, 이미 분화되어 있는 한 선에서 다른 선 위로 도약하는 리좀을 따라갈 것이다. … 우리는 우리의 바이러스와 더불

게 유목하도록 만드는 것은 바로 '빈칸'으로서의 우발점, 즉 '유일한 던짐'이다. 이런 의미에서 '유일한 던짐'은 선험적인 장에서 '이념적인 놀이'를 진행시킨다.

> "유목적인 특이성들. 개체적이지도 인칭적이지도 않은. 그럼에도 특이한. 결코 미분화된 심연이 아니 어떤 것. 한 특이성에서 다른 특이성으로 뛰어다니면서 언제나 각 수 안에서 파편화되고 변형되는 동일한 하나의 던짐의 부분을 이루는. 주사위 놀이를 실행하는 어떤 것."[411]

어 리좀이 된다. 또는 오히려 우리의 바이러스가 우리가 다른 짐승들과 더불어 리좀이 될 수 있게 해준다. … 분화된 선들을 횡단시키면 계통수가 뒤섞인다. … 우리는 유전병이나 가문의 병보다는 오히려 다형적이고 리좀적인 독감 때문에 진화하거나 죽는다. 리좀은 하나의 반(反)-계보이다"(『천 개의 고원』, 26쪽~27쪽).

**411** *Logique du sens*, p.130 (국역본: 201쪽)

**3.**

# 이접의 긍정적인 종합과 이념적인 놀이

들뢰즈는 사건들 사이의 관계는 인과관계가 될 수 없다고 말한다. 들뢰즈의 구도에서는 인과관계는 물질세계에서만 성립한다. 오히려 사건들 간의 관계는 "비인과적 상응"[412]의 관계로서 표현의 관계이다. 이러한 표현 관계란 '하나의 사건이 다른 사건을 반복'하는 관계이며 이러한 관계를 통해 '하나의 생명'이 하나의 유일하고 동일한 대문자 사건으로 구성된다. 그리고 이러한 하나의 유일하고 동일한 대문자 사건은 하나의 유일하고 동일한 균열을 생성한다.

그런데 라이프니츠에 의하면 사건들 사이에는 양립 가능성 혹은 양립 불가능성의 관계가 있으며 "사건들의 양립 불가능성에서 결과

---

412  *Logique du sens*, p.199 (국역본: 290쪽)

하는 것이 개념들의 가정된 모순"[413]이지 그 역이 아니다. 어떤 경우에는 이러한 양립 불가능성을 통해서 물리적 인과관계가 규정되기도 하고, 논리적 모순이 양립 불가능성을 '개념의 내용 안에서 번역'한 것일 뿐이기도 하다. 이런 의미에서 이러한 양립 가능성/양립 불가능성의 관계가 논리에 선행한다. 들뢰즈는 라이프니츠가 이런 의미에서 "비논리적 … 양립 불가능성에 대한 최초의 이론가"[414]라고 말한다.

라이프니츠는 사건들 사이의 양립 가능성을 '공가능성'으로, 양립 불가능성을 '불공가능성'으로 이름 붙인다. 이러한 공가능성 혹은 불공가능성은 모나드의 술어들에 선행한다. 오히려 "공가능한 사건들에 상응하는 것들만이 내재적 술어로서 결정된다".[415] 이런 의미에서 라이프니츠에게 있어 사건은 술어에 선행한다고 들뢰즈는 말한다. 공가능성은 "사건들의 특이성들이 … 형성하는 계열들의 수렴"[416]에 의해 정의되고, 불공가능성은 이 계열들의 발산에 의해 정의된다.

그런데 라이프니츠는 불공가능성이라는 개념을 사건들 서로를 배제하고 양자택일하기 위해서 사용한다. 즉 라이프니츠는 신이 최선의 세계를 선택한다는 그의 신학적 요청 때문에 이접(離接, disjonction)의 긍정적인 종합으로서 이념적인 놀이를 파악할 수 없었다. 이러

---

**413** *Logique du sens*, p.199 (국역본: 291쪽)

**414** *Logique du sens*, p.200 (국역본: 292쪽)

**415** *Logique du sens*, p.200 (국역본: 292쪽)

**416** *Logique du sens*, p.201 (국역본: 292쪽)

한 '이접의 긍정적인 종합'은 무엇을 의미하는가? 그것은 양립 불가능성의 차이를 부정하는 것이 아니라 오히려 그것을 '거리' 속에서 긍정하는 것이다.

> "우리는 두 사물이나 두 규정성들을 그들의 차이를 통해 긍정할 수 있도록 해주는, 즉 그들의 차이를 그 자체로서 긍정할 수 있도록, 그들이 그 자체 긍정적인 한에서만 동시적인 긍정의 대상들이 되게 하는 연산에 대해 말하는 것이다."[417]

즉 양립 불가능한 것들의 차이와 거리를 부정하고 하나로 '종합'하는 것이 아니다. 또한 이 위상학적이고 표면적인 "거리의 이념"[418]이라는 관념은 "동일성과 더불어 부정적인 것을 데려올" "모든 심층이나 모든 지양을 배제한다".[419]

이러한 '차이'와 '거리'의 긍정은 니체에서 잘 드러난다. 니체는 병을 건강의 탐구로, 건강을 병의 연구로 만듦으로써 이 둘을 하나로 종합하지 않고 발산하는 두 계열들의 거리를 긍정한 채로 '그들의 거리 안에서 공명'하게 만듦으로써 우발점, 즉 '역설적 심급'을 수립했다. 그리고 이와 같은 우발점 속에서 사건들은 서로 소통한다. 이런 의미에서,

---

**417** *Logique du sens*, p.202 (국역본: 294쪽)
**418** *Logique du sens*, p.202 (국역본: 294쪽)
**419** *Logique du sens*, p.202 (국역본: 294쪽)

> "일련의 술어들이 한 사물로부터 그 개념적 동일성에 따라 배
> 제되는 대신, 각각의 '사물'은 그것이 통과하는 무한한 술어들에
> 로 스스로를 개방하며, 동시에 그 중심을, 즉 개념으로서 또는
> 자아로서의 그 동일성을 상실한다. 술어들의 배제는 사건들 사
> 이의 소통으로 대체된다."[420]

들뢰즈는 이와 같은 사건들의 긍정적인 종합적 이접이 바로 '이념
적인 놀이'라고 말한다. 왜냐하면 이 이접은 모든 우연을 긍정하며
동시에 필연으로서 우발점을 긍정하기 때문이다. 이러한 '이념적인
놀이' 속에서 칸트의 선험적 이념으로서 자아, 세계, 신의 동일성은
파괴된다.

> "사건-의미는 언제나 자리를 옮기는 역설적인 심급으로서의
> 무의미로부터, 영원히 탈중심화되는 이심적인 중심으로부터 방
> 출되며, 다만 그 정합성이, 그러나 최고도로, 자아, 세계, 신의 정
> 합성을 배제할 뿐인 순수 기호이다. 이 준원인, 발산적인 것을
> 그 자체로서 주파하는 표면의 이 무의미, 특이성들을 가로질러
> 순환하며 이들을 비인칭적이고 전개체적인 것들로서 방출하는
> 우발점은 시원적 개체성으로서의 신을, 또 인칭으로서의 자아,
> 자아의 요소이자 신의 피조물로서의 세계를 존속하도록 내버려

---

**420** *Logique du sens*, p.204 (국역본: 296쪽)

이러한 이접의 긍정적인 종합은 카오스모스(chaosmos)를 형성한다. 대문자 사건은 이 모든 이접을 가로질러 모든 사건들을 소통시키며 이러한 소통을 통해 카오스 속의 질서인 카오스모스를 형성하는 것이다.

---

[421] *Logique du sens*, p.206 (국역본: 298쪽~299쪽)

# 4.

# 아이온과 이념적인 놀이

이러한 이념적인 놀이는 아이온과 깊은 관련을 맺고 있다. 아이온은 이념적인 놀이를 하는 존재이다. 이 이념적인 놀이는 이접의 긍정적인 종합에서 발산하는 계열을 의미하는 '가지 쳐진 우연'을 의미한다. 아이온은 명제의 탁자와 사물의 탁자, 두 개의 탁자의 이음새에서 논다.

> "아이온은 정확히 두 탁자의 경계선에 있으며, 그들을 가르는 직선인 동시에 또한 그들을 잇는 평평한 표면이다."[422]

말하자면 아이온은 명제와 사물을 가르는 경계로서 표면을 이룬

---

422 *Logique du sens*, p.81 (국역본: 141쪽)

다. 이렇게 표면=선험적인 장 속에서 '이념적인 놀이'를 하는 아이온은 '우발점이 그리는 직선'이다. 그리고 특이점들은 이 우발점과 관련해 이 직선 위에 배분되지만, 그래서 각 사건들은 아이온 전체에 부합하지만, 특이성들로서 순수사건들은 아이온을 채울 수 없다고 말한다. 왜냐하면 아이온과 순수사건 모두 투과 불가능한 것이기 때문이다. 만약 아이온이 투과 가능하다면 말과 사물은 뒤섞일 것이다.

> "이념적인 것이 어떻게 이념적인 것을 채우며, 투과 불가능한
> 것이 어떻게 투과 불가능한 것을 채우겠는가?"[423]

이런 의미에서 대문자 사건은 아이온을 따라다니면서도 "그것 안에 살지는 않는"[424] 것이다.

또한 아이온은 유목적인 분배와, 크로노스는 정주적인 분배와 매우 깊은 관련을 맺고 있다. 크로노스가 정주적인 분배와 깊은 관련이 있는 것은 크로노스의 시간이 일방향의 시간, 즉 bon sens의 시간이기 때문이다. 이 일방향의 시간은 퍼텐셜 에너지의 현실화되고 가장 낮은 층위로 나아가는 시간으로서 보다 더 분화된 상태에서 보다 덜 분화된 상태로 나아가는 것을 의미한다. 말하자면 이것은 특이한 것을 규칙적인 것으로, 특별한 것을 보통의 것으로 만드는

---

**423** *Logique du sens*, p.81 (국역본: 140쪽)
**424** *Logique du sens*, p.81 (국역본: 140쪽)

시간인 것이다. 즉 종을 유에 복속시키듯이 차이를 동일성이나 유사성에 복속시키는 것이다. 그러므로 일방향의 시간은 정주적인 분배와 깊은 관련을 맺고 있다. 이러한 정주적 분배에 의해 property나 class라는 개념이 가능하다. 이러한 크로노스의 일방향의 시간은 특이성들을 보통의 규칙적인 점들을 통해 내쫓거나 희석시킨다. 이와 같은 의미에서 특이성들은 '규제'된다.

반면 아이온은 유목적인 분배와 깊은 관련을 맺고 있는데, 왜냐하면 아이온은 "방향을 띄지 않는 것"으로서 "무한히 분할되고 늘어지는 과거—미래로 나아가기"[425] 때문이다.

> "우리는 여기에서 크로노스와 아이온의 대립을 발견한다. 크로노스는 유일하게 실존하는 현재이며, … 아이온은 추상적인 순간의 무한한 분할 내에서의 과거—미래이며, 언제까지나 현재를 피해가면서 끊임없이 두 방향으로 동시에 분해된다. … 아이온의 선은 현재에 정향을 두고 있는, 하나의 개별적인 계 안에서 그것이 받아들이는 각 특이점을 '규제하는' 선과 대립한다. 아이온의 선은 이 선과는 달리 하나의 전개체적인 특이성에서 다른 특이성으로 도약하며 이들 중 어떤 것들을 다른 것들 안에서 다시 취한다. 그리고 각각의 사건이 이미 과거이며 아직 미래인, 동시에 더와 덜인, 언제나 그들을 전체적으로 소통하게 만드는 분할 안에서 전날이자 다음날이 되는 유목적 분배의 형태들을

---

**425** *Logique du sens*, p.95 (국역본: 158쪽)

들뢰즈의 이념적인 놀이

이렇게 하나의 특이성에서 다른 특이성으로 건너뛰는 것이 바로 이념적인 놀이인 것이다. 이런 의미에서 아이온과 이념적인 놀이의 떼려야 뗄 수 없는 관계를 확인할 수 있다.

또한 상식으로서의 공통감각은 주어진 다양한 능력들과 다양한 신체 기관들을 자아의 통일성에 복속시킨다. 즉,

> "지각하고 상상하고 기억하고 인식하고 … 하는 것은 유일하고 동일한 자아이다. 그리고 호흡하고 잠자고 걷고 먹고 … 하는 것도 마찬가지이다."[427]

또한 상식은 객관의 측면에서는 주어진 다양성을 대상의 동일성이나 세계의 동일성에 복속시킨다. 즉,

> "내가 보는 것, 냄새 맡고 맛보고 만지는 것은 동일한 대상이다. 내가 지각하고 상상하고 기억하는 것도 동일한 대상이다. 그리고 내가 호흡하고 걷고, 깨거나 자고, 일정한 계의 법칙에 따라 한 대상에서 다른 대상으로 옮겨가는 것은 동일한 세계 안에

---

**426** *Logique du sens*, p.95 (국역본: 158쪽~159쪽)
**427** *Logique du sens*, p.96 (국역본: 159쪽)

그리고 이러한 상식과 양식은 상호 보충적인데 1) 왜냐하면 주체나 대상이나 세계의 동일성에 다양성을 관련시키지 못한다면 "어떤 방향도 고정시킬 수 없고"⁴²⁹ 2) 상식에서의 동일성의 형식은 분화된 다양성을 동등화시켜 비분화된 것으로 나아가게 하는 심급이 없으면 공허할 것이다.

그리고 이러한 상식과 양식을 전복시키는 것은 역설이다. 앨리스는 동시에 두 방향으로 나아가고, 앨리스는 또한 자아, 대상, 세계의 동일성을 상실하는 인물이다. 그리고 이러한 〈역설〉은 아이온의 시간과 깊은 관련이 있다. 왜냐하면 아이온은 두 방향으로 동시에 나아갈 뿐만 아니라 "어떤 고정된 질, 어떤 측정된 시간도 식별할 수 있고 인식할 수 있는 대상과 관련되지 못하도록 차이를 분배"⁴³⁰ 함으로써 상식을 파괴하기 때문이다.

이러한 역설의 시간으로서 아이온은 우발점이 그리는 시간이다. 이 우발점은 명제적 계열과 사물들의 계열들을 돌아다니면서 이 계열들을 소통시킬 뿐만 아니라 명제/사물 사이에 아이온의 직선을 긋는다.

---

**428**  *Logique du sens*, p.96 (국역본: 160쪽)
**429**  *Logique du sens*, p.96 (국역본: 160쪽)
**430**  *Logique du sens*, p.98 (국역본: 162쪽)

# 5.

# 이념적인 놀이와 존재의 일의성

또한 '이념적인 놀이'는 '존재의 일의성'의 얼굴을 하고 있다. 왜냐하면 이념적인 놀이에서 각 수(手)들은 존재론적으로나 수적으로 구분되지 않으며 단 하나의 '유일한 던짐'을 동등하게 표현하기 때문이다. 이념적인 놀이는 발산하는 계열들 사이의 긍정적인 이접적 종합이고 이러한 종합이 발산하는 계열들을 소통시키는 '우발점'의 수립을 의미한다는 점에서, 또한 이념적인 놀이는 그 자체로 '유목적인 분배'라는 점에서 그 일의성을 확인할 수 있다. 들뢰즈는 실제로 대문자 사건으로서의 우발점을 일의적 존재로 규정한다.

> "철학은 존재론과 동일시되지만, 존재론은 존재의 일의성과 동일시된다. … 존재의 일의성은 … 모든 대상의 하나의 유일하고 동일한 '의미'에 있어 말해진다는 것을 의미한다. … 존재는 극

히 다양한 사물들에서 일어나는 모든 것에 대해 하나의 유일한 사건으로서, 모든 사건들에 대한 그 유일한 사건으로서 … 도래한다. 존재의 일의성은 이접적 종합의 긍정적 사용, 극단의 긍정과 일치한다. … 우리가 이미 이념적인 놀이에 관련해 보았듯이 단 한 번의 우연의 긍정. 모든 수(手)를 위한 유일한 던짐. 모든 형식과 모든 경우를 위한 하나의 유일한 존재 …"[431]

그런데 대문자 사건 또는 우발점은 또한 '의미'를 생산해 내는 '무의미'이기도 하다. 이런 의미에서 일의성은 "일어나는 것과 언표되는 것을 동시에 가리킬 것이다".[432] 이런 의미에서 물체에 부대하는 것(일어나는 것)으로서의 순수사건과 명제에 의해 표현된 것(언표되는 것)으로서의 의미는 동일한 것이다. 이런 의미에서 순수사건이자 의미인 일의성은 언어의 내적 표면과 물체들의 외적 표면을 접촉시킨다. 그리고 이러한 일의적 존재는 아이온이라는 시간의 형식을 통해 "사물들과 명제들을 관계 맺어준다".[433]

그런데 이러한 일의성은 관점의 다양성과 모순되지 않는다. 라이프니츠는 관점들 사이의 불공가능성의 배제적인 규칙을 사용해 "각 관점은 그들이 수렴하는 한에서만 서로에게 열리는"[434] 형이상학을 수립했지만, 들뢰즈는 니체가 '발산'을 절대적으로 긍정하며 관점들

---

은 그 '거리'를 통해 소통하는 것으로 규정했다고 말한다.

> "니체와 더불어, 관점은 그것이 긍정하는 발산으로 열린다. 그
> 것은 각 관점에 상응하는 다른 마을이며, 각 관점은 다른 마을들
> 이다. 그리고 마을들은 그들 간의 거리에 의해서만 통합되며, 그
> 들의 계열들-그들의 집들과 거리들-의 발산에 의해서만 공명한
> 다. 그리고 언제나 마을 안에는 다른 마을이 있다. … 발산은 더
> 이상 배제의 원리이기를 그치며, 이접은 더 이상 분리의 원리이
> 기를 그치며, 공가능하지 않는 것은 이제 소통의 수단이 되기 때
> 문이다."[435]

그리고 이러한 소통은 우발점을 수립한다. 이런 의미에서 일의성
은 관점들의 다양성을 절대적으로 긍정할 뿐만 아니라 이러한 관점
들의 '차이'와 '거리'를 소통수단으로 삼는다.

---

**435** *Logique du sens*, p.203 (국역본: 296쪽)

# 이념적인 놀이의 사회적, 정치적 함의

## 6.1 니힐리즘, 영원회귀, 초인

들뢰즈는 『니체와 철학』에서 영원회귀의 두 측면, 즉 〈생성−존재론〉으로서 영원회귀와 〈윤리적이고 선택적인 사유〉로서 영원회귀를 구별한다. 즉 〈생성−존재론〉으로서의 영원회귀가 "사변적 종합의 새로운 진술"[436]이라면 〈윤리적이고 선택적인 사유〉로서의 영원회귀는 "실천적 종합의 새로운 진술"[437]인 것이다.

그런데 『차이와 반복』에서는 이러한 구별이 폐기되는데, 왜냐하면 이제 선택하는 것은 생성−존재론의 바로 그 영원회귀이기 때문이다. 이것은 '영원회귀의 선별적 시험'이다. 영원회귀의 선별적 시험을 통과하는 것은 당연하게도 끊임없이 〈급진적인 변화의 형식으로서의 시간〉에 맞게 자신을 변형시키면서도 일관성을 유지하는

---

[436]  *Nietzsche et la philosophie*, p.77 (국역본: 132쪽)
[437]  *Nietzsche et la philosophie*, p.77 (국역본: 132쪽)

극단적인 형상으로서 (변신)괴물이다. 자신을 끊임없이, 급격하게 변형시키지 못하는 모든 것들은 영원회귀의 가혹한 시험을 통과하지 못한다. 이런 의미에서 극단적인 형상은 '차이 자체'이고 또한 여러 '변신과 변형들'을 자신 안에 주름으로서 포괄하고 있다는 점에서 다양체이다. 중요한 것은 이러한 차이와 다양체만이 영원회귀의 시험 속에서 긍정된다는 것이다. 이것은 역으로 말하면 이러한 긍정을 통해서 '절대적으로 새로운 것'들이 나타난다는 것을 의미한다.

> "차이는 긍정이다. 하지만 이 명제는 많은 의미를 지니고 있다. 가령 차이는 긍정의 대상이라는 것, 긍정 자체는 다양체의 성질을 띤다는 것, 긍정은 창조라는 것 … 을 의미한다."[438]

이러한 영원회귀에 의한 선별적 시험을 긍정한다는 것은 곧 차이, 우연, 생성의 긍정으로서의 주사위 놀이, 그리고 '이념적인 놀이'를 실행하는 것이다. 영원회귀의 선별적 시험을 통과할 수 없기에 차이, 우연, 생성을 긍정할 수 없는 자들은 파괴된다. 이러한 평균적 형상으로서 현행 가치를 옹호하는 자들은 들뢰즈의 해석에 의하면 '노예'들이다. 즉 어떤 사람이 주인인가, 아니면 노예인가의 여부를 결정하는 것은 현행적인 권력의 유무가 아니라 극단적인 형상으로서 새로운 가치를 창조하는지의 여부에 달려 있다.

---

**438** *Différence et répétition*, p.78 (국역본: 142쪽)

또한 평균적 형상들의 대립을 통해 더 고차적인 통일성 혹은 동일성으로 나아갔다고 할지라도 이 고차적인 것조차도 영원회귀의 선별적 시험을 통과할 수 없어 극단적 형상이 되지 못한다. 이런 의미에서 "가장 심층적인 본성상의 차이는 평균적 형상과 극단적 형상들 … 사이에서 성립한다".[439] 이런 의미에서 극단적 형상은 '차이 남의 일의성'이지 대립물 사이의 동일성이 아니다.

이러한 평균적 형상으로서 현행적인 가치는 돈, 권력, 명예, 명성 등 사회에서 현실적으로 인정받는 가치인 반면에 극단적 형상으로서의 새로운 가치는 긍정하는 역량의 표현으로서 '괴물성'이다.

오늘날의 니힐리즘은 초감성적인 가치들, 즉 초월적인 신, 절대적인 선 등을 '쿨'하게 부정하지만 동시에 현행적인 가치로서 돈, 권력, 명예, 명성 등을 추구하는 데에 있다. 이러한 돈, 권력, 명예, 명성 등의 가치는 안정된 환경에 잘 적응하기 위해 존재한다.

허버트 스펜서(Herbert Spencer)라는 사회 진화론자는 생명 자체를 "외적 환경에 대한 점점 더 합목적적인 내적 적응"[440]이라고 규정하지만, 니체는 『도덕의 계보학』에서 이런 전제를 파괴한다. 니체에 의하면 이러한 환경-공간에 대한 적응[441]으로서 생명을 규정하는 것이 "민주주의적 병적 혐기의 압력"[442]에 의한 것이며 "삶의 본

---

**439** *Différence et répétition*, p.77 (국역본: 141쪽)

**440** 프리드리히 니체, 『도덕의 계보학』, 홍성광 옮김, 고양: 연암서가, 2011, 103쪽

**441** 이러한 적응은 정태적인 공간으로서의 환경에 대한 적응으로서 변화의 형식으로서의 시간에 대한 역동적 적응이 아니다.

**442** 『도덕의 계보학』, 103쪽

질을, 생명이 지닌 권력의지를 오해하고 있는 것"[443]이다. 여기서 '민주주의'라는 단어의 사용에 유의해야 한다. 니체가 '민주주의'라고 말할 때 이 단어는 '평균성'을 의미한다. 안정된 사회 환경에 단지 적응하고자 하는 것, 혹은 사회에서 현행적으로 인정받는 가치를 추구하는 것은 '평균적인' 인간이라는 것이다.

이렇게 권력의지를 안정과 균형을 향해가는 것으로 정의하는 것을 니체는 거부한다. 서구의 열역학은 양적 차이의 분포가 해소되어 모든 지점에서 균일한 안정적인 상태로 나아간다고 말하며 기계론은 힘들의 불균등성이 해소되어 안정적인 균형에 이르게 된다고 주장한다. 이런 의미에서 열역학과 기계론은 분화된 상태로부터 미분화된 상태로 나아감을 말한다. 이렇게 차이와 불균등성이 사라지는 것을 니체는 아디아포리(adiaphorie)[444]라고 말한다. 니체에 의하면 이러한 '차이'가 사라진 세계를 지향하는 것이 금욕주의에 봉사해 왔다고 말한다.

> "그것은 먼저 과학이 현대 사유의 허무주의에 참여하는 방식을 표현한다. 차이를 부정하려는 노력은 삶을 부정하고, 현존을 비하하고, 우주가 미분화된 것 속에서 … 파멸하는 죽음을 그것에게 약속하는 데 있는 보다 일반적인 시도에 속한다."[445]

---

**443** 『도덕의 계보학』, 103쪽~104쪽

**444** 그리스어 diaphorie는 '차이'를 의미하므로 adiaphorie는 '무(無) 차이'를 의미한다.

**445** *Nietzsche et la philosophie*, p.51 (국역본: 96쪽)

또한 안정과 균형을 향해가는 것은 '우연의 긍정'이 아니며 주위 환경은, 특히 사회 환경은 급격한 속도로 변화하고 있기에 과거의 환경에 지나치게 적응하고 있다면 오히려 영원회귀의 선별적 시험을 통과하지 못할 것이다. 니체의 주사위 놀이, 그리고 들뢰즈의 이념적인 놀이에서 '우연의 긍정'은 차라리 '위험'에 나를 노출시키는 것, 그리고 세계의 불안정성을 긍정하는 것에 가깝다. 니체는 다음과 같이 쓰고 있다.

> "모험을 감행하고 위험을 무릅쓰고 죽음을 건 주사위 놀이를 하는 것. 그것은 가장 큰 자의 헌신이다."[446]

> "내가 대지라는 신들의 탁자 위에서 대지가 진동하고 무너지고 불의 흐름이 용솟음쳐 오를 만큼 신들과 주사위 놀이를 했더라면. 왜냐하면 신들의 탁자란 대지이고, 그 대지는 창조적인 새로운 말과 신들의 주사위 놀이로 벌벌 떨고 있기 때문이다."[447]

시몽동이 말한 것처럼 오히려 생명체는 "자신의 준안정성을 스스로 유지하는 역동적 위상학의 양상"[448]으로 존재하며 더 나아가 생명은 '준안정성의 자가 유지'이다. 이러한 준안정성이 파괴되어 불

---

**446** 『차라투스트라는 이렇게 말했다』, 201쪽
**447** 『차라투스트라는 이렇게 말했다』, 404쪽
**448** Gilbert Simondon, L'Individu et sa genèse physico-biologique, P.U.F, 1995, p.224 (국역본: 432쪽)

균등성이 사라지고 완전한 균형에 이르게 되면 생명체는 죽는다. 이러한 준안정성이 유지되는 것은 내부와 외부 사이의 '막', 즉 '표면'에 의해서이며, "이 장소에서 생명은 본질적인 방식으로 … 존재한다".[449]

이러한 '표면'의 역할을 『의미의 논리』에서는 '선험적인 장'이 맡고 있다. 우리가 말한 논의는 전개체적이고 비인칭적인 '하나의 생명'의 장으로서 선험적인 장에 변형되어 적용된다. 즉 선험적인 장은 특이성들의 "계열들 간의 차이들을 분포시키는 포텐셜 에네르기"[450]를 갖는, 준안정적인 체계이며 이러한 "특이성들 또는 포텐셜들은 표면에 붙어 다닌다".[451] 이러한 표면, 내재성의 평면으로서의 선험적인 장을 움직이는 것이 바로 '이념적인 놀이'이다. 이념적인 놀이에 의해 특이성들은 인간들, 동물들, 식물들을 돌아다니는 '유목적인 특이성'이 된다.

> "유목적인 특이성들. … 주사위 놀이를 실행하는 어떤 것. 의미를 생산하는 디오니소스적 기계."[452]

들뢰즈는 칸트의 선험철학이 지고한 것으로서 "강력하게 인칭화

---

449 『형태와 정보 개념에 비추어본 개체화』, 432쪽
450 *Logique du sens*, p.125 (국역본: 195쪽)
451 *Logique du sens*, p.125 (국역본: 195쪽)
452 *Logique du sens*, p.130 (국역본: 201쪽)

된 형상"[453]과 심연 속에 있는 "무형적인 비존재"[454] 사이에서 양자택일을 강요해 왔다고 말한다. 그런데 새로운 선험철학은 이 지고함과 심연, 즉 높이와 깊이 사이에 있는 표면 속에 있는 극단적 형상으로서의 '괴물'을 긍정한다. 이 극단적 형상은 비인칭적이며 동시에 무형적이지 않다. 이러한 '괴물'은 인간을 넘어선 '초인'이다.

> ""당신은 하나의 괴물이자 하나의 혼돈이다." 니체는 대답했다. "우리는 이런 예언을 실현했다." … 즉, 초인은 다른 것을 말하고자 하지 않는다. 다만 존재하는 모든 것의 보다 우월한 유형을 말하고자 할 뿐이다."[455]

또한 이러한 초인을 생산해 내는 '이념적인 놀이'는 앞에서 인용한 바와 같이 '의미를 생산해 내는 디오니소스적 기계'이다. 구조주의에서 준원인으로서의 우발점은 무의미이지만, 이러한 우발점은 "의미를 줌을 수행함으로써 의미의 부재에 대립한다".[456] 더 나아가 구조주의는 의미의 결핍으로서 '부조리'의 철학인 실존주의에 대립되는, 의미가 준원인으로서 무의미에 의해 과잉생산된다고 보는 철학사조이다. 이러한 의미의 생산은 우발점으로서 '빈칸'이 계열들 속에서 돌아다님으로써 이루어진다. 이와 같이 구조주의에서 의미

---

**453** *Logique du sens*, p.129 (국역본: 199쪽)
**454** *Logique du sens*, p.129 (국역본: 199쪽)
**455** *Logique du sens*, p.131 (국역본: 202쪽)
**456** *Logique du sens*, p.89 (국역본: 150쪽)

들뢰즈의 이념적인 놀이

는 원리나 시원이 아니라 '빈칸'의 옮겨 다님에 의해 '생산'되는 '효
과'이다. 니체의 격언과 시는 "의미를 생산하는 기계, 효과적인 이
념적인 놀이를 수립함으로써 표면을 뛰어다니는 기계"[457]이다. 이
러한 '이념적인 놀이'는 특이성들을 방출하고 이 특이성들이 표면을
자유롭게 뛰어다니도록 하므로, 즉 특이성들을 유목적으로 분배하
므로 "이 기계들 안에서 모든 관료적인 것"[458]은 파괴된다. 이런 의
미에서 들뢰즈는 니체의 시와 격언들이 "'위대한 정치'의 시작"[459]을
알린다고 말한다.


## 6.2 추상적인 기계

이와 같은 특이성들을 방출하고 내재성의 평면으로서
일관성의 평면에 위치하고 이념적인 놀이를 작동시키는 '디오니소
스적 기계'는 들뢰즈의 후기 철학에서 바로 '추상적인 기계'라는 개
념으로 변환된다. 특히 들뢰즈는 하나의 추상적인 기계로서의 '추
상적인 동물'을 설명하는 데 공을 들인다. 조프루아 생틸레르가 말
하는 유기체적 지층에서 실현되고 있는 추상적인 기계로서 〈추상
적인 동물〉은 끊임없이 극단적인 형상으로서 '괴물'을 생산해 낸다.

---

457  *Logique du sens*, p.90 (국역본: 152쪽)
458  *Logique du sens*, p.90~91 (국역본: 152쪽)
459  *Logique du sens*, p.91 (국역본: 153쪽)

들뢰즈가 만들어 낸 가상대화에서 조프루아는 다음과 같이 말한다.

> "지층 전반에 걸쳐 실현되고 있는 것은 동일한 〈추상적인 동물〉입니다. 다만 그 〈추상적인 동물〉은 정도가 달라지고 양태가 바뀔 뿐이며, 매번 주변의 것들과 환경이 허용하는 만큼 온전한 모습을 유지합니다."[460]

이어서 들뢰즈는 다음과 같이 설명한다.

> "조프루아는 〈괴물들〉을 내놓는다. 인간 괴물은 특정한 발전 정도에서 멈춘 태아들이며, 그 안에 있는 인간은 비인간적 형식들과 실체들을 위한 외피에 불과하다. … 조프루아는 이미 빠른 속도로 움직이는 유목민적 인간을 예고하고 있었다. 퀴비에는 유클리드 공간에서 숙고했지만 조프루아는 위상학적으로 사유했다. 오늘날 대뇌 피질의 습곡과 그것의 역설들을 떠올려 보자. 지층들은 위상학적이다. 그리고 조프루아는 접어 넣기의 명수요 위대한 예술가였다. 그래서 그는 이미 비정상적인 소통을 하는 어떤 동물 리좀의 전조를, 즉 〈괴물들〉을 갖고 있었다."[461]

이러한 조프루아에 대한 해석의 특징점들은 푸코에 대한 해석에

**460** 『천 개의 고원』, 98쪽
**461** 『천 개의 고원』, 98쪽~100쪽

서도 발견된다. 푸코의 '다이어그램' 개념은 바로 이러한 사회적 지층에 대한 추상적인 기계를 나타낸다. 그리고 이러한 다이어그램이 나타내는 추상적인 기계는 〈언표행위의 집단적 배치물〉과 〈사물의 기계적 배치물〉로 현실화된다. 그리고 이러한 배치들은 각각 '표현'의 지층과 '내용'의 지층을 이룬다. 이런 의미에서 다이어그램/추상적인 기계는 이러한 지층의 '외부'에 위치한다. 그런데 이러한 '외부'는 주름으로서 내부의 '자기'를 형성한다. 이러한 '외부'가 "어떤 외재적 세계보다 더 먼 곳에 존재하는 것처럼" 내부는 "어떠한 내재적 세계보다 더 깊은"[462] 곳에 위치한다. 그런데 이상하게도 바로 이 외부와 내부는 서로 영향을 주고받는다. 이것은 단순한 유클리드 공간에서는 불가능한 것으로 조프루아와 같이 새로운 〈위상학〉을 요청한다. 이것이 들뢰즈가 이 책의 Ⅱ장을 '위상학: 다르게 생각하기'라고 명명한 이유이다.

> "이 유클리드적 공간은 '바깥'과 '안쪽', '가장 먼 것'과 '가장 가까운 것'을 이어주는 또 하나의 공간 즉 "위상학적" 공간에 의해 지양되어야 한다."[463]

이렇게 '외부'에 의해서 '내부'의 자기가 형성되지만, 이 상호작용 속에서 자기-존재는 이제 힘들을 접어 '내부'에 그 주름을 넣을 수

---

**462** 질 들뢰즈, 「푸코」, 허경 옮김, 서울: 그린비, 2019, 163쪽
**463** 「푸코」, 186쪽

있는 능력을 획득하게 된다. 이런 의미에서 "사유란 주름을 접는 행위"[464]이다. 조프루아가 생물학에 있어 접어 넣기의 명수였다면 푸코는 사회철학에 있어서 접어 넣기의 명수였던 것이다. 그리고 조프루아에서 유기체 지층에서 한 형태가 다른 형태로 옮겨 갈 때 '접어 넣기'를 통해 간다고 주장했는데, 푸코는 하나의 자기가 그 이전과 〈다르게 생각하는〉 존재가 되기 위해서는 '접어 넣기'가 필요하다고 말하는 것이다. 또한 더 중요한 것은 이러한 '접어 넣기'를 통한 이행을 보증하는 것은 조프루아와 푸코에 있어서 똑같이 '추상적인 기계'라는 사실이다. 그리고 조프루아 생틸레르가 〈괴물들〉을 매우 중요한 것으로 탐구했듯이 푸코 또한 사회적 〈괴물들〉로서 광인과 범죄자, 비정상인들을 탐구했다.

이뿐만 아니라 푸코의 다이어그램론은 "순수한 특이성들의 방사 작용"으로서 "우연적인 것의 방사, 주사위 던지기"[465], 즉 '차이'와 '반복'의 놀이로서 '이념적인 놀이'에 매우 가까운 놀이이다. 그러나 사회철학자로서 푸코는 경험으로부터 완전히 독립된 순수사유의 놀이로서 이념적인 놀이에 이르지 못하고, 경험적인 것의 영향 하에 있는 주사위 놀이를 제시한다.

> "사유란 특이성들을 방사하는 것. 주사위를 던지는 것이다. …
> 사실상 주사위 던지기란 가장 단순한 권력 또는 힘들의 관계 즉

---

**464** 『푸코』, 200쪽
**465** 『푸코』, 166쪽

우연히 뽑혀진 특이성들 사이에 성립되는 관계를 표현하는 것이다. … 힘 관계는 우연적인 추출 또는 차라리 그 인력, 어떤 특정한 언어에 따르는 집합에서 보이는 (출현)빈도에 있어서의 알파벳 글자들·요소들에도 역시 관련된다. 우연은 오직 맨 처음 주사위를 던질 때에만 의미를 갖는다. 아마도 두 번째의 던지기는 마치 부분적인 재-연쇄화의 연속 즉 마르코프의 사슬처럼 첫 번째 던지기에 의해 부분적으로 결정된 제반 조건 하에서 작동할 것이다. 그리고 이것이 바로 바깥이다. 바깥은 이렇게 우연적인 뽑기를 임의성과 의존성의 혼합 안으로 끊임없이 재-연쇄화시키는 선이다."[466]

즉 지금까지의 던지기 결과의 경험에 의해 구축된 질서에 의해 푸코의 주사위 놀이는 영향을 받으며, 반복되는 주사위 던지기는 순수 우연이 아니라 우연과 의존성이 혼합된 마르코프 사슬을 이룬다는 것이다.

반면 들뢰즈의 속도에 의해서만 구성되는 추상적인 요소들로서 "입자들을 방출하고 조합하는 추상적인 기계"[467]는 입자들의 절대적 표류, 절대적 탈영토화를 가능하게 한다. 이 절대적 탈영토화가 바로 기존의 경험적 질서로부터의 완전한 해방을 의미하며, 따라서 이념적인 놀이가 벌어지는 선험적인 장으로서 유목적인 특이성들,

---

**466** 「푸코」, 197쪽~198쪽
**467** 「천 개의 고원」, 114쪽

즉 "유목민과 같은 특이성들"[468]의 장에 도달하게 된다. 그런데 들뢰즈와 가타리는 이러한 선험적인 장=내재성의 평면=일관성의 평면이 지층에 선행한다고 말한다. 그리고 이렇게 선험적인 장을 일관성의 평면과 동일시할 때만 왜 경험적인(=현실적인) 지층에 내재성의 평면 혹은 일관성의 평면이 존재론적으로 선행하는지를 알 수 있게 된다. 그리고 『의미의 논리』의 선험적인 장으로부터 개체, 인칭, 특성, 집합이 발생하듯이 추상적인 기계 또는 다이어그램적인 기계는 재현하는 기계가 아니고 오히려 "도래할 실재, 새로운 유형의 현실(=실재성)을 건설한다".[469]

절대적인 탈코드화와 절대적인 탈영토화를 통해 작동하는 추상적인 기계는 도주선을 그린다. 그리고 이 도주선은 양자들(quanta)로 이루어진 흐름을 인도하는 선이며, 추상적인 기계는 "흐름들의 연결접속–창조를 확보하고, 새로운 양자들을 방출한다".[470] 들뢰즈와 가타리는 이 양자들로 이루어진 흐름들을 〈절편들로 이루어진 선〉이 봉쇄한다고 말한다. 이 흐름들은 타르드에게 있어서 믿음이나 욕망으로 나타난다. 타르드에 의하면 이 흐름으로서의 믿음과 욕망은 사회의 토대이다. 또한 이 믿음과 욕망은 양화 가능하며 "진정한 사회적인 〈양〉"[471]이다. 이런 의미에서 믿음들과 욕망들은 양자들로 이루어진 흐름이다.

---

**468** 『천 개의 고원』, 85쪽
**469** 『천 개의 고원』, 273쪽
**470** 『천 개의 고원』, 425쪽
**471** 『천 개의 고원』, 417쪽

이런 의미에서 집단과 개인 사이에 진정한 대립은 존재하지 않는다. 왜냐하면 집단적 표상이나 개인적 표상 모두 절편으로 이루어진 선을 나타낸다는 점에서 같기 때문이다. 반면에 표상과 믿음/욕망 사이에는 근원적인 대립이 존재한다. 왜냐하면 믿음/욕망은 양자들로 이루어진 흐름이기 때문이다.

집단의 규모와 상관없이 절편으로 이루어진 선과 관련되는 정치를 거시정치, 양자들로 이루어진 흐름과 관련되는 정치를 미시정치로 규정된다. 이런 의미에서 정치의 분자적 양상에는 군중들 또는 흐름들이 있고, 정치의 몰적 양상에는 계급들 또는 절편들이 있다.

"도주선들을 연결접속하고, 도주선들을 추상적인 생명선의 역량으로 데려가거나 아니면 일관성의 평면을 그릴 때마다"[472] 절대적인 탈영토화가 이루어지며, 이러한 절대적인 탈영토화는 절대적인 '속도'로서 상대적인 '운동', 상대적인 탈영토화와 구분된다. 절대적인 '속도'는 매끈한 공간을 양자로 이루어진 흐름을 소용돌이 모양으로 채우는 반면, 상대적인 '운동'으로서 상대적인 탈영토화는 홈패인 공간에서 하나의 점에서 다른 점으로 나아가는 것이다.

> "운동은 "하나"로 간주되는 어떤 물체가 한 지점에서 다른 한 지점으로 이동하는 경우 갖게 되는 상대적 성격을 가리키는 데 반해 속도는 어느 물체의 환원불가능한 부분들(원자)이 돌연 어떠한 지점에서라도 출현할 수 있는 가능성과 함께 소용돌이를 일

---

472 『천 개의 고원』, 970쪽

으키는 방식으로 매끈한 공간을 차지하거나 채우는 경우 물체가 갖게 되는 절대적 성격을 가리킨다."[473]

들뢰즈는 국가장치와 유목적 전쟁기계를 구분하는데, 국가장치도 유목적 전쟁기계도 구체적인 배치물이며 추상적인 기계가 아니지만 유목적 전쟁기계가 추상적인 기계에 더 가까운데, 왜냐하면 "하나의 배치물은 사물들 사이를 지나가는 윤곽 없는 선들을 더 많이 … 변신(변형과 실체변화)의 역량을 더 많이 발휘하면 할수록 추상적인 기계와 더 친화적이게"[474] 되기 때문이다.

흥미롭게도 국가장치는 '장기'에 유목적 전쟁기계는 '바둑'에 대응되는데, 이 두 놀이 모두 추상적인 기계에 의해서 벌어지는 '이념적인 놀이'가 아니다. 따라서 다음과 같은 표가 성립한다.

| 국가장치 | 유목적 전쟁기계 | 추상적인 기계 |
|---|---|---|
| 장기 | 바둑 | 이념적인 놀이 |

장기는 내부성의 형식을 가진다면 바둑은 외부성의 형식을 가지며, 이념적인 놀이는 모든 형식이 붕괴된 일관성의 평면에 위치한다.[475] 장기가 내부성의 형식을 가진다는 것은 장기의 각 말들이

---

**473**　『천 개의 고원』, 732쪽

**474**　『천 개의 고원』, 974쪽

**475**　"일관성의 평면 위에는 더 이상 형식도 실체도 없으며, 내용도 표현도 없고, 상대적 탈영토화도 … 없다"(『천 개의 고원』, 139쪽).

모두 내적인 특성을 가진다는 것을 뜻하고 바둑이 외부성의 형식을 가진다는 것은 각 바둑알은 내적인 특성을 가지지 않고 외부성의 환경에 의해 그 특성이 규정된다. 반면 추상적인 기계의 이념적인 놀이는 "어떠한 형상도 기능도 갖지 않는 … 추상적이지만 완벽하게 실재적인 요소들", 즉 "오직 운동과 정지, 느림과 빠름에 의해서만 서로 구별"되는 요소들을 방출하고 조합하는 놀이이다.[476] 또한 장기가 코드화와 탈코드화의 놀이라면 바둑은 영토화와 탈영토화의 놀이이고, 이념적인 놀이는 절대적인 탈코드화되고 절대적으로 탈영토화된 평면으로서 일관성의 평면 또는 내재성의 평면으로서의 선험적인 장에서 행해지는 놀이이다.

바둑/유목적 전쟁기계와 이념적인 놀이/추상적인 기계의 공통점은 '유목적인 분배'를 따른다는 것이다. "장기의 경우에는 닫힌 공간을 분배하는 것이 문제가 된다. … 이와 달리 바둑의 경우에는 열린 공간에 바둑알이 분배되어 공간을 확보하고 어떠한 지점에서도 출현할 수 있는 가능성을 유지하는 것이 문제가 된다".[477] 이러한 '유목적인 분배'는 '왕립과학'과 대립되는 '유목과학'에서도 나타난다. 유목과학은,

> "곡선의 편이로부터 경사면 위에서의 나선과 소용돌이의 구성으로 나간다. … 즉 원자들의 패거리나 무리들로부터 거대한

---

**476** 『천 개의 고원』, 481쪽~482쪽
**477** 『천 개의 고원』, 675쪽

소용돌이 조직들로. 이것은 소용돌이 모델로서 열린 공간 속에서 움직이며 이를 통해 닫힌 공간을 구분해 직선적 또는 고체적 사물들에 배분하는 것이 아니라 흐름으로서의 사물들이 배분된다."[478]

또한 유목민과 국가장치는 각각 '속도'와 '운동'에 대응되며 각각 매끈한 공간과 홈패인 공간에 대응된다. 수학적으로 보자면 매끈한 공간은 **이념적인 놀이에서와 마찬가지로** "벡터적, 투영적 또는 위상학적 공간"[479]인 반면에 홈이 패인 공간은 계량공간이다. 이를 통해서 국가장치보다 유목적 전쟁기계가 더 추상적인 기계에 가깝다는 것을 알 수 있다.

말하자면 유목적인 전쟁기계는 추상화의 수준에서 국가장치와 추상적인 기계 사이에 있다: "유목민이야말로 하나의 추상, 하나의 〈이념〉, 즉 실재적이면서도 현행적(actuel)이지는 않은 무엇이라고 할 수 있다".[480]

이런 의미에서 국가장치로부터 추상적인 기계로 향해가는 끊임없는 전쟁기계의 '도주'가 『천 개의 고원』의 의미라고 말할 수 있다. 이러한 전쟁기계의 놀이로서 '바둑'은 추상적인 기계의 '이념적인

---

**478**  『천 개의 고원』, 692쪽
**479**  『천 개의 고원』, 693쪽
**480**  『천 개의 고원』, 806쪽

들뢰즈의 이념적인 놀이

놀이'와 마찬가지로 '유목적인 분배'의 놀이이며 닫힌 공간의 정주적인 분배의 놀이로서 '장기'와 구분된다. 또한 바둑알은 이념적인 놀이에서의 특이성들과 같이 내적 특성을 갖지 않으며 이념적인 놀이에서 특이성들이 다른 특이성들과의 '계열화'를 통해서 의미를 부여받는 것처럼 다른 바둑알과의 외재적인 관계에 의해서 의미를 부여받는다.

# VII

# 이념적인 놀이에
# 비추어 본
# 다른 철학자들

# 1.

# 라이프니츠와 이념적인 놀이

　　라이프니츠의 철학은 바로크, 즉 "신학적 이상이 도처에 공격받는", 오랜 중세적 가치들이 붕괴하고 "대지가 흔들리기 시작하는"[481] 시기에 신을 변호하기 위해서 내세워진 것이다. 이 철학에서의 '세계의 놀이'는 이념적인 놀이와 같이 특이성들을 방출하지만, 신은 이 '세계의 놀이' 속에서 가능한 개체들 안으로 특이성들을 분배하며 이러한 분배는 정주적 분배이다. 즉 여기서 중요한 것은 개체들의 "경계 획정(劃定)"[482]이다. 신은 이러한 경계 획정 중에서 최선을 선택한다.

　　또한 이러한 놀이는 각자의 경계를 규정하는 원리들이 존재하며 이러한 원리들을 증식시키는 놀이이다. 이 라이프니츠의 놀이는 이러한

---

**481**　질 들뢰즈, 『주름, 라이프니츠와 바로크』, 이찬웅 옮김, 서울: 문학과 지성사, 2012, 125쪽
**482**　『주름, 라이프니츠와 바로크』, 123쪽

경계와 한계가 존재하지 않는, 그래서 이러한 원리들이 존재하지 않는 놀이로서 '이념적인 놀이'와 구분된다. 즉, 이념적인 놀이는 〈우연의 긍정〉인 반면에 라이프니츠의 놀이는 필연적 원리들에 종속된다.

> "니체와 말라르메는 주사위 던지기를 방출하는 세계-〈사유〉를 우리에게 다시 드러내주었다. 그러나 이들에게는 모든 원리를 상실한 원리 없는 세계가 중요하다: 이런 이유에서, 주사위 던지기는 〈우연〉을 긍정하고 모든 우연을 사유하는 역량이며, 이것은 무엇보다도 원리가 아니라 모든 원리의 부재이다."[483]

말하자면 이념적인 놀이는 신의 죽음과 함께 인간이 죽은 세계 속에서 벌어지는 니체가 말한 능동적 니힐리즘의 놀이이다. 신과 인간의 죽음 이후에 등장하는 초인으로서 "놀이하는-아이"[484]는 불공가능한 것들을 세계 속으로 투입시킨다.

반면 이러한 니힐리즘의 상황에서 바로크는 다음과 같은 해결책을 제시한다: "원리들을 다양화할 것이고 … 이제 주어질 수 있는 어떤 대상이 이런 빛나는 원리에 상응하는지 묻지 않고, 감추어진 어떤 원리가 이 주어진 대상에 … 상응하는지를 물을 것이다".[485]

이제 라이프니츠의 놀이에서 원리가 어떻게 대상에 따라 증식하

---

**483** 『주름, 라이프니츠와 바로크』, 124쪽
**484** 『주름, 라이프니츠와 바로크』, 125쪽
**485** 『주름, 라이프니츠와 바로크』, 125쪽

는지를 보자. 먼저 가장 원초적인 것이자 다른 것과 전혀 관계 맺지 않는 자기—포함으로서 동일적인 것들(identiques)이 있다. 이러한 동일적인 것들로부터 2차적인 것으로서 〈정의 가능한 것들〉이 파생한다. 이러한 의미에서 〈정의 가능한 것들〉은 "자신을 정의하는 최소한 두 개의 원초적인 것들을 언제나 상정한다".[486] 그리고 이러한 원초적인 것과 2차적인 것으로부터 3차적인 것이 파생한다. 이런 식으로 존재의 등급이 구성된다.

> "수준 I 은 원초적인 것들 또는 정의 불가능한 〈동일적인 것들〉을 포함하며, 수준 II 는 어떤 단순한 관계 하에 있는 두 원초적인 것들에 의해 정의된, 단순한 파생물을 포함한다: 수준 III은 세 개의 원초적인 것, 또는 그 자체로 합성된 어떤 관계에 있는 단순한 하나의 원초적인 것과 하나의 파생물에 의해 정의되는 합성된 파생물들을 포함한다."[487]

이런 식으로 〈동일적인 것들〉→〈정의 가능한 것들〉→〈조건화 가능한 것들〉→〈개체적인 것들〉이라는 존재의 등급이 매겨지며 이 각각의 등급에 〈모순의 원리〉→〈상사성의 원리〉→〈충족 이유의 원리〉→〈식별 불가능자의 원리〉라는 원리들이 대응한다. 이런 의미에서 원리들은 존재의 새로운 등급에 대응하여 증식된다. 이런 의미에서,

---

486 『주름, 라이프니츠와 바로크』, 86쪽
487 『주름, 라이프니츠와 바로크』, 87쪽

들뢰즈의 이념적인 놀이

> "라이프니츠의 놀이의 참된 특징, 그리고 그 놀이를 주사위 던지기에 대립시키는 것은 우선 원리들의 증식이다: 놀이는 원리의 과잉에 의한 것이지, 원리의 결여에 의한 것이 아니다. 놀이는 원리들 그 자체의 놀이이며, 원리들을 발명하는 놀이이다."[488]

또한 라이프니츠의 놀이에서는 불공가능한 발산하는 계열들을 각기 다른 가능세계에 부여함으로써 각각의 세계 안에서는 불공가능한 것들이 존재하지 않도록 설정된다. 이런 의미에서 라이프니츠의 놀이에서는 불공가능성이 "세계들 간의 국경"이 되며, "환원될 수 없는 불협화음은 서로 다른 세계에 있게 된다".[489] 반면 '이념적인 놀이'에서는,

> "발산하는 계열들이 같은 세계 안으로 쇄도해 들어오고, 불공가능성들이 같은 장면 위에서 범람한다. 바로 여기에서, 섹스투스는 루크레티아를 능욕하고 또한 능용하지 않으며, 여기에서 시저는 루비콘 강을 건너고 건너지 않으며, 여기에서 팽은 살해하고 살해당하고 또한 살해하지 않고 살해당하지 않는다."[490]

---

488 『주름, 라이프니츠와 바로크』, 126쪽
489 『주름, 라이프니츠와 바로크』, 151쪽
490 『주름, 라이프니츠와 바로크』, 151쪽

# 2.

# 바디우와 이념적인 놀이

바디우는 『들뢰즈─존재의 함성』의 〈영원회귀와 우연〉 이라는 장에서 들뢰즈의 일의성과 영원회귀의 철학을 이해하는 데에 주사위 놀이로서 이념적인 놀이가 핵심적임을 잘 보여주고 있다. 그리고 이러한 이념적인 놀이에서 '존재의 일의성'을 확보하는 것이 '유일한 던짐'임을 잘 이해하고 있다. 바디우는 다음과 같이 쓰고 있다.

> "던지기의 내적인 역능은 유일하며 일의적이다. 이 역능은 곧 사건이며. 또 이 역능은 모든 던짐들의 던짐인 하나의 유일한 던 짐 안에서 우연 전체를 긍정한다. … 이제 우리는 영원회귀가 어 디에 자리잡고 있는지를 보게 된다. 각각의 사건 안에서. 모든 발산들 안에서. 모든 이접적인 종합들 안에서 영원하게 되돌아

들뢰즈의 이념적인 놀이

오는 것, 즉 매번 주사위들이 던져질 때마다 되돌아오는 것이란 곧 우연을 긍정하는 역능을 지닌 근원적이며 유일한 주사위 던짐 바로 그것이다."⁴⁹¹

그럼에도 불구하고 바디우는 이러한 '유일한 던짐'의 일의성을 부정한다. 바디우에 의하면 "사건적인 주사위 던지기들은 … 존재론적으로 절대적으로 분명히 구분"⁴⁹²된다. 왜냐하면 바디우에 의하면 각각의 진리들은 서로 분리가 되므로 이러한 진리들의 근원으로서 사건들 역시 다수적이며 분리되어야 하기 때문이다. 바디우는 다음과 같이 쓰고 있다.

"우연은 이처럼 복수이며, 당연히 이 복수성은 주사위 던지기의 일의성을 배제시켜 버린다. 그리고 바로 이 우연이 우리에게 오는 것은 우연에 의해서이다. 즉, 궁극적으로 보아 존재의 우연성은 오로지 우연들의 우연 또한 있을 때에만 진정으로 성취된다."⁴⁹³

이런 의미에서 우연 속에서 일의적인 존재의 필연성이 표현된다고 주장하는 들뢰즈의 철학은 진정한 의미의 우연성의 철학이 아니

---

**491** 『들뢰즈-존재의 함성』, 166쪽
**492** 『들뢰즈-존재의 함성』, 169쪽
**493** 『들뢰즈-존재의 함성』, 170쪽

라고 바디우는 말하고 있는 것이다. 또한 들뢰즈의 '이념적인 놀이'
에서 각각의 던짐은 존재론적으로 구별되지 않지만, 바디우는 자신
의 철학에서 "사건은 존재론적 의미에서 절대적으로 분리"[494]된다
고 말한다.

  잠시 바디우의 〈사건의 철학〉에 대해 알아보자. 바디우의 『존재
와 사건』에서 ∈이라는 연산자를 '현시'로, ⊂라는 연산자를 '재현'
으로 번역하는데, 여기서 현시되지만 재현되지 않는 것을 '특이성'
이라고 부르며 이러한 특이한 다수 중에서 "원소의 어떤 것도 상황
속에서 현시되지 않는 속성을 가진 다수"[495]를 사건적 자리라고 부
른다. 바디우는 이러한 사건적 자리라는 다수는 "배타적으로 비현
시된 다수로만 구성"[496]되어 이 다수의 바로 '아래'에는 아무것도 없
는, 구상 가능한 구조의 최소 결과이기 때문에 '공백의 가장자리'라
고 부른다. 바디우에 의하면 이러한 사건적 자리의 존재가 사건 자
체의 필연성을 보증하지 않으며 이런 의미에서 자신의 철학이 '결정
론적인 또는 보편화하는 사유'를 넘어서 있다고 말한다. 바디우의
철학에서 이러한 사건의 자리는 사건의 존재조건일 뿐이다. 즉,

> "아무 사건도 실제로 일어나지 않는 것은 항상 가능하다. 엄밀
> 하게 말해 자리는 단지 사건의 발생에 의해 소급적으로 그러한

---

**494**  『들뢰즈—존재의 함성』, 180쪽
**495**  알랭 바디우, 『존재와 사건』, 조형준 옮김, 서울: 새물결, 2021, 291쪽
**496**  『존재와 사건』, 292쪽

것으로 정성화되는 한에서 '사건적'이다."[497]

바디우에 의하면 사건의 수학소는 다음과 같다.

$S$를 상황이라고 하고 이 상황에 의해 현시된 사건적 자리를 X라 할 때 사건$e_X$는 다음과 같이 규정된다.

$$e_X = \{x \in X, e_X\}$$

그런데 이러한 사건이 상황에 속하는지를 결정하는 것은 '오직 해석적 개입'이라고 바디우는 말한다. 바디우는 다음과 같이 쓰고 있다.

> "우리는 두 가지 가능한 가설의 가능한 결과만을 검토할 수 있을 텐데, 이 두 가설은 실제로는 해석적 개입의, 즉 절단의 전체적 규모에 의해 분리되어 있다. 사건이 상황에 속하느냐 그렇지 않느냐가 그것이다."[498]

**사건이 상황에 속할 때**, 사건은 그 자체로 특이한 다수가 되는데, 왜냐하면 사건은 상황 속에서 현시되지만, 사건의 자리 $X$의 원소들이 $e_X$에 포함되는데 사건적 자리의 원소들은 상황 속에 현시되지 않으므로 는 $S$속에서 재현되지 않기 때문이다.

---

**497** 『존재와 사건』, 299쪽
**498** 『존재와 사건』, 302쪽

또한 사건$e_X$가 상황$S$속에 현시될 때 $e_X \in e_X$, $e_X \in S$를 만족하므로 $e_X$는 사건의 자리가 될 수 없다. 이런 의미에서 "사건은 사건적 자리가 아니"며, "사건은 자신의 자리의 원소들을 '동원하지만' 자기 자신의 현시를 거기에 덧붙인다".[499] 또한 사건이 $e_X \in e_X$, $e_X \in S$를 만족한다는 사실은 사건이 '공백의 가장자리'에 있지 않다는 사실, 즉 "사건은 자신에 의해 공백으로부터 분리"[500]된다는 것을 뜻한다. 이런 의미에서,

> "사건이 상황에 속한다고 선언하는 것은 동시에 자기 자신을 공백과 자신 사이에 끼워 넣는 것을 통해 자신이 사건적 자리와 개념적으로 구분되어 있다고 말하는 것이나 마찬가지이다."[501]

**반면에 사건이 상황에 속하지 않을 때**, 사건의 원소들은 상황의 관점에서 볼 때 아무것도 현시되지 않는다. 이런 의미에서 사건이 상황 속에 현시되지 않는다면 '아무것도 발생하지 않는다'.

이런 의미에서 사건이 상황에 속하는지, 아니면 속하지 않는지를 규정하는 것은 사건의 운명에 있어서 매우 중요하다. 그런데 바디우는 '사건이 상황에 속하는지의 결정 불가능성 …'이 존재한다고 말하고 있다. 그리고 바디우에 의하면 이러한 사건의 뒤를 이어

---

499  『존재와 사건』, 303쪽
500  『존재와 사건』, 303쪽
501  『존재와 사건』, 303쪽

후(後)−사건적인 개입에 의해 사건이 명명되고 따라서 하나의 '정원 외적 이름'이 사건에 주어진다. 이러한 '개입'은 그러나 "사건의 실질적 발생을 보증"[502]하지 못하며 심지어 개입이 이루어지기 위해 사건이 진실로 일어날 필요, 즉 사건이 상황에 포함될 필요조차 없다.

그럼에도 불구하고 '개입'은 사건의 정원 외적 이름을 상황 속에서 통용되도록 한다. 그리고 이 개입 이후에 '충실성'이라는 절차가 작동하기 시작하는데, 이 '충실성'은 정원 외적인 이름 하에서 "사건적 다수가 통용됨에 의해 실존하는 다수들을, 상황 속에서 식별할 수 있게 만들어 주는 절차들의 집합이다".[503]

이러한 충실성은 주체의 능력이나 덕목이 아니라 "사건에 대한 함수적 관계"[504]이며 상황의 항이 아니라 "하나의 조작, 구조"[505]이다. 충실성이 하나의 '조작'인 것은 "사건의 조정된 후과들"[506]을 일자로 셈하기 때문이다. 또한 이러한 조작에 의해 충실성의 절차의 결과는 상황 속에 부분집합으로서 포함되며 재현된다. 이런 의미에서 "충실성은 … 상황의 상태[507]의 영역에서 조작을 행하게 된다".[508] 그리고 제도가 재현, 상태, 셈하기에 의해 작동하는 것이라고 할 때, 이런 의미에서 충실성은 어떤 제도적인 것을 품고 있다고

---

**502** 제이슨 바커, 『알랭 바디우: 비판적 입문』, 염인수 옮김, 서울: 이후, 2009, 179쪽

**503** 『존재와 사건』, 불어본 257쪽, 국어본 381쪽

**504** 『존재와 사건』, 382쪽

**505** 『존재와 사건』, 382쪽

**506** 『존재와 사건』, 382쪽

**507** 여기서 상황의 상태란 상황을 S라 할 때 그 부분집합들의 집합으로서 p(S)를 의미한다.

**508** 『존재와 사건』, 383쪽

바디우는 말한다. 그리고 이러한 '조작'을 통해 충실성은 "현시적 다수를 … 재편성"[509]한다.

이런 의미에서 바디우는 충실성이 상황, 특이한 다수로서의 사건, 사건과 기존의 임의의 항과의 접속의 규칙에 의해 규정된다고 말한다. 이런 의미에서 상황과 사건이 동일하다고 해도 접속의 규칙이 다르다면 두 충실성은 다른 것이 될 수 있다. 바디우는 다음과 같이 쓰고 있다.

> "경험적 수준에서 우리는 사건에 충실할 수 있는 많은 방식이 존재함을 안다. 스탈린주의자들과 트로츠키주의자들은 모두 1917년 10월이라는 사건에 대한 충실성을 선언했지만 서로를 도륙했다."[510]

여기서 사건과 다수의 접속/비접속을 규정하는 충실성의 과정의 유한한 상태를 '조사'라고 부른다. 다수 $X$가 사건의 이름에 접속될 때 $X(+)$로, 접속되지 않을 때 $(-)$로 표현된다고 하자. 그런데 이러한 조사는 정의에 의해 유한 번밖에 수행될 수 없으므로 $((x_1(+), x_2(+), x_3(-), \cdots\cdots, x_n(+))$와 같은 식으로 표현될 수 있다.

이러한 조사 자체는 사건에 접속된다는 속성을 가진 (+)항들과 사건에 접속되지 않는다는 속성을 가진 (−)항들을 분류할 뿐만 아니

---

**509** 『존재와 사건』, 382쪽
**510** 『존재와 사건』, 383쪽

라, 예를 들어 (+)항들의 다수를 사건에 접속되어 있다는 속성을 가진 것으로 "식별"한다.[511] 그리고 바디우는 이와 같이 "명확한 속성을 가진 항들을 재배치하는 상황들의 부분들의 분류를 담고 있는 것"[512]을 바로 백과사전으로 규정한다. 그리고 백과사전의 규정 요소는 이 명확한 언어에 의한 이러한 부분들 각각의 지칭을 의미한다. 사건이 상황에 의해 재현되지 않아 상황의 부분들을 지칭하지 않으므로, 백과사전적 지식은 사건을 상황의 언어로 설명할 수 없다. 즉 지식은 사건에 대해 "아무것도 모른다".[513]

바디우는 백과사전적 지식에 의해 통제 가능한 백과사전적 규정 요소에 근거하는 상황의 부분에 관한 진술을 '타당하다'라고 부르고, 충실성의 절차에 의해 통제 가능한 상황의 부분에 관한 진술을 '진리인 것'이라 부른다. 그런데 유한한 조사에서 +의 무리와 −의 무리는 유한하므로 진리인 것과 타당한 것의 구별은 있을 수 없다. 따라서 진리와 타당한 것을 구별하기 위해서는 충실성의 절차는 '조사'와 달리 무한해야 하며 진리는 "무한할 때만 타당한 것과 구분될 수 있는 기회를 가진다".[514]

여기서 다루지는 못하지만 바디우가 해석한 코언에 의하면 사건과 긍정적으로 접속되었다고 확인된 유한한 개수의 항들이 백과사

---

**511** 바디우는 식별을 "그러한 현시된 또는 사유 가능한 다수는 이런저런 속성을 소유한다"는 것을 파악하는 것으로, 분류를 "내가 명명 가능한 특징을 공유하는 것으로 식별한 것을 함께 묶고 공통의 속성에 의해 표시"하는 것으로 규정한다(『존재와 사건』, 529쪽).

**512** 『존재와 사건』, 529쪽

**513** 『존재와 사건』, 534쪽

**514** 『존재와 사건』, 535쪽

전적 규정요소를 회피(백과사전적 규정요소에 속하는 다수와 그와 정반대되는 규정요소에 속한 다른 다수를 포함)하는 조사가 반드시 존재한다.

이를 통해 조사들을 총체화하는 모임은 '백과사전적 규정요소에 의해 포함되는 모임'과는 다른 것임을 알 수 있다. 왜냐하면 각각의 백과사전적 규정요소를 회피하는 조사가 적어도 하나씩 존재하기 때문이다. 이런 의미에서 조사들을 총체화하는 모임은 상황의 언어로는 식별 불가능한 것으로서 '진리'를 구성한다. 이러한 진리로서의 유적 집합은 상황의 언어를 비켜 가므로 이 유적 집합을 더 상세하게 규정하고 싶을 때 우리가 말할 수 있는 것은 이 유적 집합의 "원소가 존재한다"[515]는 것이다. 따라서 이러한 유적 집합은 상황의 존재 자체라는 최고의 유에 속한다. 왜냐하면 상황 속에서 일자로 셈해진다는 것이 상황 속에서 존재한다는 것과 일치하기 때문이다.

그리고 바디우의 '진리'는 이러한 '유적 집합'을 생산해 내는 〈유적 절차〉의 유한한 형국으로서 '주체'와 상황의 항들의 우연적인 마주침들을 통해서 접근된다. 바디우는 그럼에도 불구하고 아직 주체에게 진리는 명료하게 식별되지 않는다고 말한다.

> "주체는 우발적 만남들의 무한한 계열에 의해 이 유적 부분(이 진리)로부터 분리되어 있다. 진리를 선취하거나 재현하는 것은 전혀 불가능하다."[516]

---

515  『존재와 사건』, 544쪽
516  『존재와 사건』, 634쪽

이런 의미에서 바디우의 말대로 그의 철학에서 진리에 이르는 길은 우연으로 가득 차 있다. 이런 의미에서 절차가 "그리는 도정은 완전히 우발적이다".[517] 그렇다면 바디우에 있어서 진리에 도달할 수 있을지의 문제는 믿음의 문제가 된다. 바디우는 실제로 다음과 같이 쓰고 있다.

> "주체가 진리 … 와 맺는 특이한 관계는 다음과 같다. 즉 주체는 진리가 존재한다고 믿으며 이 믿음은 지식의 형태로 생겨난다. … 믿음은 단지 다음과 같은 것일 뿐이다. 즉 충실한 접속의 조작자는 마주침의 우연을 헛되이 하나로 모으지 않는다. 사건적 초일자가 내기로 거는 약속으로서 믿음은 도정의 단계들의 국소적 유한성 속에서 붙잡힌 진리인 것의 유적 성격을 대변한다. 이러한 의미에서 주체는 자신에 대한 확신이다."[518]

이에 반해 『차이와 반복』의 들뢰즈에게 있어서 진리는 도달 가능하며 '기호' 혹은 '강도'와의 우연한 마주침이 필연적 진리로 사유가 나아가게 한다. 오히려 들뢰즈에게 있어서 마주침의 우연성, 즉 우리의 안온한 인식을 파괴하는 폭력성이 필연적 진리에의 도달을 보장한다. 이러한 기호의 폭력성은 주체 입장에서는 '외부'에서 도래하는 비자발적인 것이다. 이러한 기호의 폭력이 문제로서의 '이념'

---

517 『존재와 사건』, 628쪽
518 『존재와 사건』, 632쪽

을 구성하도록 강요함을 앞에서 이야기했다. 그리고 이러한 '이념' 은 역설감 속에서 각각의 인식능력에 초월적 대상을 분만하는데, 순수사유의 초월적 대상은 '우발점'이다. 이 '우발점'이 바로 필연적 진리인 것이다. 이와 같이 바디우의 사유에서는 필연적 진리로 나 아가는 필연적 경로가 보이지 않지만 『차이와 반복』의 들뢰즈에 있 어서 마주침의 우연성이 사유를 비자발적이고 필연적인 경로를 통 해 필연적 진리에 이르게 한다. 들뢰즈는 "마주침의 우연성과 사유 의 필연성 …"[519]이라고 쓴다.

또한 『의미의 논리』에서는 사고(事故)로부터 순수사건으로, 순수사 건에서 대문자 사건으로의 '역효과화'를 통해 우발점으로서의 대문 자 사건이 가진 영원한 필연적 진리에 개체가 도달할 수 있음을 보 았다. 그리고 '이념적인 놀이'에서 〈일의적 존재〉로서 대문자 사건 의 영원하고 필연적 진리는 각각의 사건에 동등하고 직접적으로 현 전한다.

이렇게 진리와 사유의 필연성을 긍정한다는 점에서 들뢰즈는 마 주침의 우연성만을 강조하는 바디우보다 플라톤에 가깝다고 할 수 있겠다.

---

**519**  질 들뢰즈, 『프루스트와 기호들』, 서동욱 · 이충민 옮김, 서울: 민음사, 2016, 152쪽

VIII

결론:
'이념적인 놀이'의
여러 얼굴들

　　지금까지 우리가 탐구해 온 이념적인 놀이는 여러 얼굴들을 갖고 있다.

　(1) 이념적인 놀이는 우연을 절대적으로 긍정하는 놀이이다. 현실적인 놀이에서 우연은 절대적으로 긍정되지 못하며 노동이나 도덕의 모델에 따라 인과율이나 목적론에 사로잡힌다. 이런 의미에서 이념적인 놀이는 현실적인 놀이가 아니며 따라서 순수사유의 놀이이다.

　(2) 하지만 이러한 이념적인 놀이는 '사유 자체의 실재'로서 잠재적인 차원, 즉 선험적인 장을 구성한다. 이러한 선험적인 장은 전개체적이고 비인칭적인 특이성들의 장인데, 이러한 특이성들을 방출하고 조합하는 것, 즉 특이성들을 랜덤하게 분배하는 것은 이념적

들뢰즈의 이념적인 놀이

인 놀이이기 때문이다.

(3) 이러한 이념적인 놀이에 의한 특이성들의 분배는 유목적인 분배이다. 이러한 유목적인 분배는 아리스토텔레스의 유비에 의한 정주적 분배와 대비된다. 정주적 분배에서는 양식과 상식에 의해 닫힌 공간이 분할되어 각각의 존재자에게 유비적으로(비례적으로) '몫'으로 주어진다면 유목적인 분배에서는 열린 공간 안에서 존재자들이 자기 자신을 분배한다.

(4) 이념적인 놀이에서의 이러한 유목적인 분배는 곧 '존재의 일의성'을 의미하는데, 왜냐하면 존재의 일의성이란 존재가 분할되지 않음을 의미하기 때문이다. 만약 존재가 다의적이라면 어떤 식으로든 존재는 분할된다. 여기서 존재가 분할되지 않는다는 것은 그 자신이 〈수적인 구별인 동시에 실재적인 구별〉인 구별이 존재하지 않음을 의미한다. 스피노자에게 있어서 구별은 실재적 구별과 양태적 구별이 있는데, 실재적 구별로서의 형상적 구별은 수적 구별이 아니며, 양태적 구별은 수적구별이지만 실재적 구별이 아니다. 따라서 존재는 분할되지 않으며 일의적이다.

(5) 또한 이념적인 놀이는 영원회귀의 놀이이다. 이것은 존재의 일의성이 그 자체로 영원회귀이기 때문이다. "영원회귀는 일의적인 존재 이외의 다른 본질을 갖지 않"으며 "영원회귀는 존재의 일의성인 것이다".[520] 헤라클레이토스-니체에게서 영원회귀의 놀이는 '아

---

**520** 질 들뢰즈, 『들뢰즈가 만든 철학사』, 박정태 옮김, 서울: 이학사, 2019, 51쪽

이온'으로서 '아이'에 의해 행해지며 왕국이 이 아이의 것이라는 헤라클레이토스의 언명에서 우리는 영원회귀가 우연의 필연, 혼돈의 질서로서 chaosmos라는 사실을 알 수 있다. 이것은 들뢰즈에 의해 〈왕위에 오른 아나키〉라는 말로 표현된다. 이러한 영원회귀는 선별적 시험을 통해 극단적 형상을 생산한다.

(6) 이념적인 놀이는 사회철학적 맥락에서 볼 때 하나의 추상적인 기계이며, 이는 『천 개의 고원』에서 잘 드러난다. 여기서 추상적인 기계는 "내용과 표현 아래에서 … 기표작용과 아무 관계 없는 기호들을 가장 탈영토화된 입자들 안에서 기능하게 하는 입자-기호들(미립자들)을 방출하고 조합한다".[521] 이것은 이념적인 놀이에서 특이성이 방출되고 조합되는 것과 같은 것이다. 푸코의 주사위 놀이는 '이념적인 놀이'에 근접했으나 그의 경험주의가 경험적인 것에 의해 선험적인 것을 오염시켰기에 결국 '이념적인 놀이'에 도달하지 못했다.

이러한 '이념적인 놀이'의 다양한 얼굴들은 절대적으로 새로운 것으로서 극단적 현상을 생산하는 데에 그 의미가 있다. 우연을 절대적으로 긍정하는 것, 그럼으로써 영원회귀를 절대적으로 긍정하는 것은 '절대적으로 새로운 것'의 탄생을 긍정하는 것과 연결되고, 준안정적인 체계로서의 선험적인 장을 긍정하는 것은 안정과 균형에

---

**521** 『천 개의 고원』, 139쪽

의해 평균적인 형상만이 생성되는 것을 넘어서 불균등성과 불균형에 의해 새로운 것으로서 극단적 형상이 생산되도록 하는 것과 연결된다. 또한 존재의 일의성을 긍정하는 것과 유목적인 분배를 긍정하는 것은 절편에 의해 공간이나 존재를 분할하지 않고 이러한 절편들을 가로지르는 흐름들을 해방하고 연결접속함으로써 새로운 것을 만들어 내는 것과 연결된다. 그리고 이 모든 것은 새로운 현실을 구성하는 것으로서의 추상적인 기계에 가까이 가는 것으로 귀결된다.

| 참고문헌 |

## 단행본

- Gilles Deleuze, Différence et répétition, Paris: PUF, 1968 (국역본: 질 들뢰즈, 『차이와 반복』, 김상환 옮김, 서울: 민음사, 2011)

- Gilles Deleuze, Logique du sens, Paris: Minuit, 1969(국역본: 질 들뢰즈, 『의미의 논리』, 이정우 옮김, 파주: 한길사, 2015)

- Gilles Deleuze, Nietzsche et la philosophie, Paris: P.U.F, 1983 (국역본: 질 들뢰즈, 『니체와 철학』, 이경신 옮김, 서울: 민음사, 2008)

- Gilles Deleuze, Spinoza et la problème de l'expression, Paris: Minuit, 1969 (국역본: 질 들뢰즈, 『스피노자와 표현 문제』, 현영종 · 권순모 옮김, 서울: 그린비, 2019)

- 고병권, 『고병권의 자본 강의』, 서울: 천년의 상상, 2022

- 고쿠분 고이치로, 『중동태의 세계』, 박성관 옮김, 서울: 동아시아, 2019.

- 김동춘, 『시험 능력주의』, 파주: 창비, 2022

- 김재희, 『시몽동의 기술철학』, 파주: 아카넷, 2017

- 막스 베버, 『프로테스탄트 윤리와 자본주의 정신』,김상희 옮김, 서울: 풀빛, 2006

- 미셸 푸코, 『감시와 처벌』, 오생근 옮김, 파주: 나남, 2011

- 미셸 푸코, 『지식의 고고학』, 이정우 옮김, 서울: 민음사, 2011

- 알랭 바디우, 『들뢰즈─존재의 함성』, 박정태 옮김, 서울: 이학사, 2001

- 알랭 바디우, 『존재와 사건』, 조형준 옮김, 서울: 새물결, 2021

- 에가와 다카오, 『존재와 차이: 들뢰즈의 선험적 경험론』, 이규원 옮김, 서울: 그린비, 2019

- 에드문트 후설, 『순수현상학과 현상학적 철학의 이념들』, 최경호 옮김, 서울: 문학과 지성사, 1997

- 이찬웅, 『들뢰즈, 괴물의 사유』, 서울: 이학사, 2020

- 임마누엘 칸트, 『순수이성비판』, 최재희 옮김, 서울: 박영사, 2021

- 자크 데리다, 『글쓰기와 차이』, 남수인 옮김, 서울: 동문선, 2007

- 장 보드리야르, 『소비의 사회』, 이상률 옮김, 서울: 문예출판사, 1999

- 장 폴 사르트르, 『자아의 초월성』, 현대유럽사상연구회 옮김, 서울: 민음사, 2020

- 정낙림, 『놀이하는 인간의 철학』, 서울: 책세상, 2017

- 제이슨 바커, 『알랭 바디우: 비판적 입문』, 염인수 옮김, 서울: 이후, 2009

- 지바 마사야, 『공부의 철학』, 박제이 옮김, 서울: 책세상, 2018

- 지그문트 프로이트, 『쾌락원리 너머』, 김인순 옮김, 서울: 부북스, 2013

- 질 들뢰즈, 『경험주의와 주체성』, 한정헌 · 정유경 옮김, 서울: 난장, 2012

- 질 들뢰즈, 『들뢰즈가 만든 철학사』, 박정태 옮김, 서울: 이학사, 2019

- 질 들뢰즈, 『주름, 라이프니츠와 바로크』, 이찬웅 옮김, 서울: 문학과 지성사, 2012

- 질 들뢰즈, 『차이와 반복』, 김상환 옮김, 서울: 민음사, 2011

- 질 들뢰즈, 『칸트의 비판철학』, 서동욱 옮김, 서울: 민음사, 2006

- 질 들뢰즈, 『푸코』, 허경 옮김, 서울: 그린비, 2019

- 질 들뢰즈, 『프루스트와 기호들』, 서동욱 · 이충민 옮김, 서울: 민음사, 2016

- 질 들뢰즈, 펠릭스 가타리, 『천 개의 고원』, 김재인 옮김, 서울: 새물결, 2003

- 질베르 시몽동, 『형태와 정보 개념에 비추어 본 개체화』, 황수영 옮김, 서울: 그린비, 2017

- 칼 마르크스, 『자본론 1권(상)』, 김수행 옮김, 서울: 비봉출판사, 2008

- 프리드리히 니체, 『도덕의 계보학』, 홍성광 옮김, 고양: 연암서가, 2011

- 프리드리히 니체, 『아침놀』, 박찬국 옮김, 서울: 책세상, 2011

- 프리드리히 니체, 『차라투스트라는 이렇게 말했다』, 장희창 옮김, 서울: 민음사, 2017

- 페르디낭 드 소쉬르, 『일반언어학 강의』, 김현권 옮김, 서울: 지식을 만드는 지식, 2012

- 한병철, 『피로사회』, 김태환 옮김, 서울: 문학과 지성사, 2016

- 호르헤 루이스 보르헤스, 『픽션들』, 송병선 옮김, 서울: 민음사, 2011

- Duns Scotus, Philosophical Writings, trans. Alan Wolter, O.F.M, Indianapolis: Hackett Publishing Company, 1987

- Long, A.A, D.N, Sedley, The Hellenistic Philosophers: Volume 1, Cambridge: Cambridge University Press, 1987

## 논문

- Michel Foucault, Nietzsche, la généalogie, l'histoire, ≪Hommage à Jean Hyppolite≫, Paris: PUF, 1971

- 김중호, 「성 토마스 아퀴나스와 둔스 스코투스의 형이상학 비교: 존재자의 구성원리를 중심으로」, 카톨릭대학교 석사 논문, 2001

- 질 들뢰즈, 「구조주의를 어떻게 식별할 것인가」, 『의미의 논리』, 이정우 옮김, 파주: 한길사, 2015

- 프리드리히 니체, 「그리스 비극시대의 철학」, 『비극적 사유의 탄생』, 이진우 옮김, 서울: 문예출판사, 1997, 95쪽~190쪽

- 프리드리히 니체, 「비도덕적 의미에서의 진리와 거짓에 관하여」, 『비극적 사유의 탄생』, 이진우 옮김, 서울: 문예출판사, 1997, 193쪽~212쪽

- Dino Buzzetti, Common Natures and Metaphysics in John Duns Scotus, ≪Quaestio≫, 5 (2005), 543-557